研究生创新创业教育与实践

主　编　徐德锋　孟　启
副主编　胡　航　任顺利
编　者（按姓氏笔画排序）
　　　　任顺利　孟　启　胡　航
　　　　徐德锋　龚　亮　崔永琪

科学出版社
北　京

内 容 简 介

本书共十二章，内容包括创新创业教学理念、成长中的青春、营造浓厚的双创氛围、青春是探索之旅、挖掘学习经验、拓宽学生视野、理想信念与创新精神、创意与创新创业计划、双创实践活动、组建双创团队、展现青春活力、传承和发展红创教学理念。

本书可作为高等院校研究生创新创业教育的通用教材，适合在学研究生阅读；也可作为有创业想法的在职青年拓宽视野、增长知识的参考用书。

图书在版编目（CIP）数据

研究生创新创业教育与实践/徐德锋，孟启主编. —北京：科学出版社，2023.10

ISBN 978-7-03-076549-9

Ⅰ.①研… Ⅱ.①徐… ②孟… Ⅲ.①研究生–职业选择–研究 Ⅳ.① G647.38

中国国家版本馆 CIP 数据核字（2023）第 188816 号

责任编辑：王锞韫 / 责任校对：宁辉彩
责任印制：张　伟 / 封面设计：陈　敬

科 学 出 版 社 出版
北京东黄城根北街 16 号
邮政编码：100717
http://www.sciencep.com

北京中石油彩色印刷有限责任公司 印刷
科学出版社发行　各地新华书店经销
*

2023 年 10 月第 一 版　开本：787×1092　1/16
2023 年 10 月第一次印刷　印张：6
字数：177 000

定价：36.00 元
（如有印装质量问题，我社负责调换）

序

  教育是事关国家发展和民族未来的千秋基业。党的十九届五中全会已明确了"建设高质量教育体系"的政策导向和重点要求，要求我国各高校全面贯彻党的教育方针，落实立德树人的根本任务，持续推进教育改革发展，统筹发展和安全，着力转变观念、守正创新、攻坚克难、守住底线，加快教育高质量发展，推进教育现代化，建设教育强国，办好人民满意的教育，培养德智体美劳全面发展的社会主义建设者和接班人。

  青年是创新创业的主力军。习近平总书记多次强调，全社会都要重视和支持青年创新创业，提供更有利的条件，搭建更广阔的舞台，让广大青年在创新创业中焕发出更加夺目的青春光彩。2022年，高校毕业生面临着更为严峻的就业挑战。新时代研究生作为年轻的"拓荒者"和"追梦人"，要坚定信心、踔厉奋发、勇毅前行，听从时代的召唤，心系家国，担当使命，把个人施展抱负的"青春梦"汇聚成伟大的中国梦，在奋进新征程、建功新时代中贡献青春力量。

  研究生教育肩负着高层次人才培养和创新创造的重要使命，是国家发展、社会进步的重要基石。研究生创新创业教育是国家实施创新驱动发展战略的现实需要，也是建立创新型国家的必然要求。创业之路充满着不确定性，特别是无创业经验的研究生，在创业的过程中承担了比其他创业群体更大的压力。如何鼓励和引导研究生踏上创新创业之路，利用社会资源和政府对研究生的创新创业扶持政策，有效防范和规避风险，最终取得创业成功，仍是当下高校及大众创业、万众创新（以下简称双创）教师急需思考的问题。

  为进一步激发研究生的创新创业热情，教育部组织了中国研究生创新实践系列大赛、中国国际"互联网+"大学生创新创业大赛等适合研究生参加的创新创业大赛。中国研究生创新实践系列大赛创立于2013年，以提升研究生创新实践能力为核心，坚持"以研究生为主体，以国家战略需求为导向，以行业企业参与为支撑"的运行模式，从而打造政、产、学、研、用合作创新平台，努力探索利用社会资源协同推动研究生教育的改革与发展。系列大赛围绕国家急需领域创新型高端人才培养，设置了涉及智慧城市、人工智能（AI）、航空航天、集成电路、能源体系、公共管理等重要领域的10项主题赛事，为在校研究生提供了创新、交流、展示和就业的平台。中国国际"互联网+"大学生创新创业大赛旨在深化高等教育综合改革，激发大学生的创造力，培养造就双创的主力军；推动赛事成果转化，促进"互联网+"新业态形成，服务经济提质增效升级；以创新引领创业、创业带动就业，推动高校毕业生更高质量创业就业。

  2022年是习近平总书记给第三届中国"互联网+"大学生创新创业大赛"青年红色筑梦之旅"的大学生回信5周年。经过5年的发展，"青年红色筑梦之旅"活动已经成为一堂融党史学习教育课、国情思政课、创新创业课、乡村振兴课、红色筑梦课于一体的，极具特色和标志意义的"中国金课"。该活动把思政教育、专业教育和创新创业教育深度融合，过去5年，全国共有483万名大学生走进革命老区、贫困地区、城乡社区，传承"红色基因"、锤炼意志品质，用专业知识和创新创业成果为脱贫攻坚和乡村振兴贡献青春力量。累计98万个创新创业项目精准对接农户255万余户、企业6.1万余家，签订合作协议7万余项，取得了良好的经济和社会效益。2022年，"青年红色筑梦之旅"活动以新工科、新医科、新农科、新文科助力"新农业、新农村、新农民、新生态"建设，引导广大高校师生扎根基层创新创业，推动乡村振兴取得新进展、农业农村现代化迈出新步伐，以实际行动迎接党的二十大。

  常州大学（简称"常大"）坚决全面准确贯彻落实习近平总书记关于双创及青年工作的各项要求。近年来，常州大学把创新创业教育作为重要内容纳入学校事业改革发展规划，经过多年的不断探索，学校已形成理论与实践、教学与科研、专业教育与创新创业教育相融合的创新创业人才培养模式，不断提高学校的人才培养质量。徐德锋曾就读于江苏化工学院（常州大学前身），在大学期间得到张全兴和陈金龙等优秀教师在科技创新领域的指导，受益匪浅，大学毕业后先就职于中国石油化工集团有限公司抚顺分公司等大型央企，后进入江苏省激素研究所股份有限公司和上海交通大学等单位工作，有海外进修和创新创业经历，在科技教育领域潜心耕耘三十余年，勤恳敬业、脚踏实地。从中国石油化工集团有限公司一线技术工人成长为高校教师，他时刻铭记常州大学"责任"校训，传承优秀师德，潜心教学科研、精心育人成才、用心服务社会发展，坚持把自己最美好的青春年华奉献给我国教育事业，做青年学生的人生路标。2013年他从上海交通大学进入常州大学，获得江苏省双创团队基金资助，创立"红创"公益团，为青年学生搭建创新创业平台，积极探索"红色文化"和创新创业教育融入青年学生的全培养过程，深度挖掘创新创业教育中的思想政治教育因素。他首次提出"红创"教学新理念，将"红色文化"的传承和创新、研究生创新创业教育和践行社会主义核心价值观与弘扬优秀传统文化教育有机融合，宣传常州大学精神和常州大学"红色文化"，引领青年学生走向农业，扎根祖国大地，带领团队学生走向国家贫困山区，坚持立德树人，为团队研究生营造良好的"红色文化"融入创新创业教育的学习氛围。

徐德锋教授创作出版了《大学生创新创业实践与案例》教材后，继续创作《研究生创新创业教育与实践》，该教材结合研究生专业研究方向及学校开设的创新创业类课程的实际情况，在梳理筛选经典知识理论的基础上，尽可能地收集优秀的研究生创新创业实例，使得创新创业教育更具新颖性、实用性和针对性，满足新时代未来发展趋势。

"丹心未泯创新愿，白发犹残求是辉"，希望该教材能够为研究生创新创业教育提供借鉴和思路，同时希望对在高校从事研究生创新创业教育的教师也有所帮助和启迪，为研究生创新创业教学实践和教育改革提供指导，助力我国研究生创新创业人才培养模式的改革探索。

常州大学党委副书记、校长

2022年9月

前　言

为贯彻落实党的二十大精神，全面准确贯彻党的教育方针，落实立德树人的根本任务，坚持创新引领创业，优化高校创新创业教育目标定位，促进创新创业教育理念回归，在经济下行压力持续加大背景下，国家持续加大对高校创新创业教育的支持力度，取得了积极成效，对提高高等教育质量、促进学生全面发展、推动毕业生创业就业、服务经济社会发展发挥了重要作用。

高校创新创业教育是适应国家实施创新驱动发展战略、促进经济提质增效升级的迫切需要，是推进高等教育综合改革、促进高校毕业生更高质量创业就业的重要举措。在创新型国家建设的新形势下，国家对高校创新创业教育有了新的期待，不仅是带动就业，而且希望高校创新创业教育能够培养冲击传统经济结构、带动经济结构调整的人才。作为新时代的青年要积极融入双创大舞台，在实践锻炼中积累智慧、施展才华，在搏击风浪中增长才干，提高创新创业实践能力，践行新时代青年的使命担当，成为党和国家事业发展需要的栋梁。

培养创新创业型人才是新时期高等教育发展的必然要求。创新驱动的实质是人才驱动，人才是衡量一个国家综合国力的重要指标。培养创新创业型人才的关键在教育，高等教育在教育事业发展中处于龙头地位，是知识创新的孕育地和拔尖创新人才培育地，担负着为国家培养高级专业人才、推动科技发展、繁荣民族文化、促进社会全面发展的重任。当前我国高校创新创业教育开展过程中存在着许多问题，仍然需要突破教育改革发展的瓶颈。

为了更好地在高校开展创新创业教育，全面提高人才培养质量，坚持育人为本，促进学生全面发展，满足高校创新创业类通识教育的基本原则和新需求，我们根据教育部《普通本科学校创业教育教学基本要求（试行）》，以及学校的人才培养目标和学生的实际情况，编写了"十三五"江苏省高等学校重点教材《大学生创新创业实践与案例》，并于2021年7月由华中科技大学出版社出版。

在双创的新形势下，大力培养创新创业型研究生是我国建设创新型国家的必由之路。许多高校为本科生开设了创新创业类课程，建立了创新创业的学分积累与转换机制，但研究生培养方案并没有对创新创业教育提出要求，也缺乏供研究生创新创业教育的教材。我们在编写《大学生创新创业实践与案例》教材的基础上，参考国内外研究生创新创业教育理论研究及实践案例，围绕立德树人根本任务，把研究生创新创业教育理论与实践紧密结合，突显研究生创新创业教育实践特色，认真编写了这本研究生创新创业教育类教材。本教材主要从研究生掌握创新创业教育理论、创新实践和实战案例等方面进行阐述，以满足研究生创新创业教学的基本需要，同时又紧跟新时代研究生创新创业教育发展趋势，突出特色，紧紧围绕"应用型"和"服务型"创新创业人才培养目标，以经济学、管理学专业学科知识为基础，充分整合科技创新知识，实现管理学知识与科技创新知识的有机融合，适应行业规范要求，是具有先进性、科学性、引导性和创新性等鲜明特色的教材，旨在更好地服务于我国研究生创新创业教育实践开展，是适合研究生提高实践能力的创新创业教育理念和实践的教材。

本教材围绕习近平总书记强调立德树人总要求，将创新创业教育与思想政治教育深度融合，首次提出"红创"教学新理念，将"红色文化"的传承和创新、研究生创新创业教育和践行社会主义核心价值观与弘扬中华民族优秀传统文化融合为一体。

本教材的主要写作初心是为高校从事研究生创新创业教育的教师提供一本与《大学生创新创业实践与案例》有所区别的姊妹篇。《大学生创新创业实践与案例》以本科生为中心，思考如何教授本科学生的创新创业；而本教材明确研究生创新创业教育和本科生创新创业教育的教学差异。本教材结合研究生专业研究方向及学校开设的创新创业类课程的实际情况，在梳理筛选经典知识理论的基础上，尽可能地收集优秀的创新创业案例，满足新时代发展需求。

本教材作为通俗性教材，既可以作为普通高校研究生创新创业基础课程的教材，也可以作为创新创业精英班或者创业实践班学生的入门级教材。下面对本教材内容做一个简单介绍。

本教材开篇即为创新创业教育概述，帮助学生在知识经济时代新方位上认识创新创业，激发研究生的创新创业热情，践行新时代青年学生的使命担当；在研究生成长、成才过程中努力营造浓厚的创新创业氛围，使学生探索青春之旅，发掘创新创业经验，拓宽创新创业视野，坚定理想信念，为创新创业储备知识和技术，在创新创业实践中组建好创新创业团队，传承"红创"教学理念，从众多创新创业实践案例中获得灵感，激发创新创业活力，努力把个人青春梦融入中华民族伟大复兴的中国梦之中。本教材力求理论与实践相结合，培养和提高研究生的创新创业能力。

本教材由徐德锋、孟启担任主编，胡航、任顺利担任副主编，龚亮和崔永琪参与编写。具体编写分工如下：第一、第二、第四、第七、第十一和第十二章由徐德锋和任顺利编写，第三、第五和第六章由胡航和龚亮编写，第八、第九和第十章由孟启和崔永琪编写。徐德锋对全书进行了认真审阅并统稿。

本教材的编写得到了常州大学研究生院、教务处及创新创业办公室的大力支持，得到了药学院及石油化工学院的帮助，在此一并表示感谢。

由于编者水平有限，书中难免存在一些不足之处，敬请广大读者给予批评指正。

徐德锋

2022 年 9 月

目　　录

第一章　创新创业教学理念 ……………………………………………… 1

第二章　成长中的青春 ……………………………………………………… 5

第三章　营造浓厚的双创氛围 …………………………………………… 10

第四章　青春是探索之旅 ………………………………………………… 15

第五章　挖掘学习经验 …………………………………………………… 21

第六章　拓宽学生视野 …………………………………………………… 26

第七章　理想信念与创新精神 …………………………………………… 31

第八章　创意与创新创业计划 …………………………………………… 38

第九章　双创实践活动 …………………………………………………… 50

第十章　组建双创团队 …………………………………………………… 55

第十一章　展现青春活力 ………………………………………………… 60

第十二章　传承和发展红创教学理念 …………………………………… 74

参考文献 ……………………………………………………………………… 85

后记 …………………………………………………………………………… 86

第一章　创新创业教学理念

　　人与人的差异具有客观性。科学研究表明，大部分人的智力相差无几。那么，为什么有的人显得聪慧，有的人却很愚昧；有的人事业有成，有的人却碌碌无为；有些人像草、灌木和杂树，表面看起来长得很快，却不持久，有些人成长得很慢，但却像松树，长成了就是栋梁之材。教育者只有掌握学生的个体差异，才能真正做到"因材施教"，充分发挥每个学生的个体优势，从而扬长避短，使其获得各自的最佳成绩，以达到全面提高学生整体素质的目的。

　　我曾在上海交通大学指导研究生从事新药开发领域的前瞻性研究，到常州大学工作后，开始积极探索将创新创业实践理念融入研究生培养全过程，秉承"因材施教"的教育理念，为学生搭建创新创业平台，推进创新创业实践教育，探索"红创"教学新理念，做青年学生的"点灯人"。

　　2021 年我们组织编写了江苏省高等学校重点教材《大学生创新创业实践与案例》，相比之下，大多数本科生接触创新创业教育时，他们的动机主要是参加各类创新创业比赛，其创新创业教育是被动的。为了进一步调动本科生的创新创业学习热情，我们从中国国际"互联网＋"大学生创新创业大赛"青年红色筑梦之旅"全国总决赛中选择了 100 个项目作为案例，整理编写了创新创业案例教材《青春的力量》。相对而言，研究生培养具有更高程度的多样性，对于如何引导研究生的职业生涯规划，我们团队创建了"红创"公益团，集体创作了研究生内部学习教材《红星耀常大》，聚焦立德树人的根本任务，培养新时代"又红又专"的创新创业人才，积极探索"红色文化"融入创新创业教育的新模式，创立"红创"公益，践行"红创"教学新理念。

创新创业教育知识

　　创新是一个民族进步的灵魂，是一个国家兴旺发达的不竭动力，也是中华民族最深沉的民族禀赋。党的十八届五中全会提出："坚持创新发展，必须把创新摆在国家发展全局的核心位置……让创新贯穿党和国家一切工作，让创新在全社会蔚然成风。"

　　创业与国家经济发展紧密相连。创业是一个国家和社会发展的"发动机"和"推进器"；创业是一个国家或地区经济增长的核心动力；创业能够推动经济发展、产业升级及经济结构的转型升级，同时创造就业机会，推动社会技术进步。创业是一个国家经济发展的"新引擎"，创业是促进经济增长的"催化剂"，而创业精神更是实现当今经济活力和地区竞争力的决定性因素。

　　创业需要冒险挑战的精神。创业者应具有敢于冒险、敢于挑战、勇于创新、积极进取、勤奋踏实、敢于担当等精神。研究生与本科生不同，研究生需要他人帮助来找准创新创业者角色，而这正是创新创业教师的价值，让学生能够找到在社会中的真实自我。指导教师需要指导学生学习创新创业知识，进而获得创新创业能力，让学生在科研工作和实际生活中发现自我，一如既往地保持着创新创业的激情。研究生最好在导师指导下，在研究生学习阶段及毕业后创造机会，以获得创新创业成就感。

　　创新创业教育在发达国家发展迅速。创新创业教育最早由美国实施，现已基本建立起比较完善的创新创业教育体系，通过创新创业教育培养了许多优秀创业人才，为美国的经济发展和社会稳定作出了许多的贡献。除美国外，创业教育在英国、日本、澳大利亚、法国和德国、英国等国家的大学也已经普及。创新创业已成为各国经济增长最强劲的推动力，创新创业教育也已成为世界各国人才培养的重要理念。

中国创新创业教育正迎头赶上。陶行知是世界创新教育最早的探索者之一，他为中国创新创业教育奠定了基石。我国作为联合国教科文组织"亚太地区教育革新为发展服务计划"项目国，从1990年开始实施创新创业教育试验和研究。《国家中长期教育改革和发展规划纲要（2010—2020年）》及《教育部关于大力推进高等学校创新创业教育和大学生自主创业工作的意见》为我国高校创新创业教育发展提供了纲领性文件，促进了创新创业教育的迅速发展。

创新创业为研究生实现个人和社会价值提供了新思路。中国高等教育已发生了一次质的飞跃，由"精英化"向"大众化"转变，我国研究生教育也进入了跨越式发展阶段。我国硕士研究生招生规模每年已超100万人，在研究生教育跨越式发展的同时也带来了一个直接后果，即每年有几十万的研究生面临就业的问题。我国现正处于经济转轨时期和社会转型的加速期，过去那种唯学历论、唯职称论及人才高消费等现象将不复存在，传统的就业岗位已经不能容纳大规模的高素质人才，就业形式显得异常严峻。在社会无法为研究生提供足够多合适工作岗位的情况下，创新创业无疑是一条发挥研究生才能、体现研究生价值的良好选择，创新创业是缓解研究生就业压力的有效途径。

"红创"教学新理念

党的十八大以来，以习近平同志为核心的党中央高度重视创新创业工作，作出了把创新作为引领发展的第一动力的重大战略抉择，对高校创新创业教育改革作出了全面部署。"红色文化"能给高校的创新创业教育提供强大的精神支持，将"红色文化"融入研究生创新创业教育，既有利于高校更好地履行立德树人的根本使命，进一步传承"红色文化"，弘扬爱国精神，积极发挥"红色文化"育人化人的作用，也有利于培养具有开拓创新精神和创业能力的高素质人才。

"红创"教学新理念，即坚持用"红色基因"铸魂育人，将"红色文化"融入立德树人的教学实践中，将"红色文化"融入创新创业教育实践中的教育新理念。创新是"红色文化"的本质特征和最高体现，"红创"教学新理念体现了"红色文化"和创新创业教育的共同特质。"红色文化"是中国共产党领导中国人民在革命、建设和改革的伟大实践中形成的先进文化，具有强大的精神感召力，博大精深，不畏艰难、勇于开拓和善于创新是其精髓之一。党的百年奋斗史，就是一部探索史、创新史、奋斗史、创业史和发展史，是一部党与人民心连心、同呼吸、共命运的历史。创新创业教育，核心是创新，旨在激发大学生的创造力，培养大学生的创新精神、创新素养、实践能力、创业意识和创新创业能力，有效提升学生的可持续发展能力。

在新时期，高校创新创业教育工作面临新的挑战，也迎来了新的机遇。在新形势下，深化高校创新创业教育改革是国家实施创新驱动发展战略的需要，也是我国高等教育综合改革的需要。高校教师应当重视"红色文化"的育人功能，将"红色基因"融入新时代青年的"血液"中，将"红创"教学新理念融入新时代青年的道德修养、适应能力、生存能力和职业能力中，从而大大提高其创新创业能力，促进研究生全面发展、促进研究生毕业创业就业、缓解我国严峻的就业形势。

由教育部与政府和各高校共同主办的中国国际"互联网+"大学生创新创业大赛，即旨在深化高等教育综合改革，激发大学生的创造力，培养造就双创的主力军，通过以赛促教、以赛促学、以赛促创，推动赛事成果转化和产学研用紧密结合，不断激发和凝聚在校大学生的科技创新活力。2022年的"青年红色筑梦之旅"活动以"红色青春筑梦创业人生，绿色发展助力乡村振兴"为主题，引导高校师生扎根基层创新创业，推动乡村振兴取得新进展、向农业农村现代化迈出新步伐，并积极推动新工科、新医科、新农科、新文科为"青年红色筑梦之旅"赋能，引导广大"青年红色筑梦之旅"青年争做社会主义核心价值观的坚定信仰者、积极传播者、模范践行者。

"红创"教学新理念能够为高校创新创业教育提供丰富的精神滋养。培养什么人、怎样培养人、为谁培养人的问题，是教育工作的根本问题，践行"红创"教学新理念，是对这一问题的具体诠释，有利于更好地履行高校立德树人的根本使命。习近平总书记强调，"我们党立志于中华民族千秋伟业，必须培养一代又一代拥护中国共产党领导和我国社会主义制度、立志为中国特色社会主义事业奋斗终身的有用人才。在这个根本问题上，必须旗帜鲜明、毫不含糊""培养德智体美劳全面发展的社会主义建设者和接班人"，明确了担当民族复兴大任时代新人的标准和要求，为推进教育现代化指明了方向、提供了遵循依据。实现第二个百年奋斗目标，实现中华民族伟大复兴的中国梦，需要一批又一批德才兼备的有为青年为之奋斗。"红创"教学新理念蕴含的对马克思主义的坚定信仰、对社会主义和共产主义的信念、对中国革命必然胜利的坚定信心、对共产主义远大理想和中国特色社会主义共同理想的坚定信念，以及不断地锤炼意志品质、厚植爱国情怀、赓续拼搏精神，是创新创业人才不可缺少的素质。"红创"教学新理念中呈现出的一切以人民为重、以国家为重，始终忠于党、忠于革命、忠于人民，坚持个人前途命运同国家民族前途命运紧紧联系在一起，肩负起自身使命，正引领着青年学生将青春奋斗融入党和国家事业之中，为党、为祖国、为人民多做贡献，把握历史机遇，积极投身全面建设社会主义现代化国家的伟大实践，在我国实现"两个一百年"奋斗目标的新征程中贡献力量。

"红创"教学新理念需要将"红色文化"的育人价值贯穿创新创业教育的各环节，切实把进一步推动学生提升创新意识、训练创新思维、增长智慧才干、锤炼意志品质落到实处。为此，需要推动创新创业教育在教学内容和教学方法上不断整合资源、推陈出新，构建更加完善的配套保障机制，实现全过程、全方位育人。

优化教学课程

2021年全国共招收研究生117.65万人，在学研究生333.24万人。研究生教育能够为国家培养高层次创新型人才，为国家创新驱动发展战略的实施奠定基础，有利于促进创新型国家的建设。

研究生专业教育与实践需要脱钩。研究生在校期间的主要时间和精力都花费在科研任务和完成毕业论文上，对于大多数高校来说，对研究生创新创业教育都存在着投入过少、重视程度不够、认知存在偏差、思想存在误区等问题；研究生积极参与导师的科研课题，基础性研究较多，前沿技术研究较少，重大原创性成果缺乏，科研研究与创新创业教育缺乏统一性，导致研究生创新创业能力缺乏，将科研课题转换成学术成果的能力也不足；研究生培养课程没有针对性，研究生的创新创业思维无法形成等各种问题。整体来说，研究生创新创业能力素养欠缺，导致潜在的创业人才流失。

本科生与研究生创新创业教育存在代际。目前，本科生创新创业教育氛围相对浓厚，有"互联网+""挑战杯"等创新创业类赛事，但研究生参与度不高；缺乏研究生创新创业教育体制机制，没有形成统一的研究生创新创业系统性指导性意见；研究生创新创业教育管理制度不健全，没有对应的奖励办法和机制，导致研究生参与创新创业实践具有盲目性；在研究生培养阶段，参与创新创业不作为学生毕业的要求，学生毕业要求主要以科研课题、论文发表为依据，所以创新创业是可有可无的一个环节。

专业师资和系统化课程教育是阻碍研究生创新创业教育的桎梏。专门面向研究生创新创业能力培养的思维训练课程少，缺乏系统性的课程，或是已有的创新创业教育课程体系的标准化程度较低及规范不合理；对应的系统教育体系不成熟，已有的面向本科生的创新创业人才培养课程不能满足研究生创新创业教育的课程要求；师资队伍匮乏，研究生培养以导师制为主，部分导师并没有接受过创新创业训练，导致导师无力指导研究生创新创业；高水平的创新创业多需要多学科协同开展，研究生教育专项研究较多，缺乏学科交叉，导致高校研究生创新创业教育发展缓慢；没有构建适合研究生的创新创业教育建设平台，导致研究生创新创业教育课程体系中的教育实践环节缺失。

在新时代背景下，我国各高校要高度重视研究生创新创业教育、坚定研究生创新创业教育理念，把创新作为衡量研究生素质的基本指标，加强研究生的分类教育，将研究生创新创业教育与实践紧密结合，培养具有研究和创新能力的高层次人才；加强导师创新创业教育能力的培养，优化研究生教育评价体系，进一步改进研究生人才培养模式，以培养创新创业意识作为深化研究生教育改革的突破口，以党和国家对研究生教育提出的新要求为依据，自觉把为党和国家培育创新创业人才作为首要任务。

研究生教育与大学生教育目标不同，研究生教育应以创新人才培养为目标。对于研究生来说，应当贯彻创新创业教育的连续性和一致性，强调创新精神的重要性。因为研究生生源由应届本科生、往届毕业生和社会人士构成，其研究深造的目的性不同，因此更早地开展创新创业教育能给研究生更多的时间去深入了解创新创业，更多地发现有意向的个体；并且，课程的开设时间越早，课程内容和形式越能得到极大的扩充和丰富，学生对该课程的态度也能有所转变，它在研究生的培养方案中不该只着一点笔墨，而应当是将创新精神渗透于研究生的生活与专业的各方面。"创新创业"的灵魂在于"创新"意识的培养，"创新"不仅有益于创业活动的正向发展，作为一项优良的心理品质，还影响着个体对周围一切、对世界的态度和看法。

（徐德锋　任顺利）

第二章　成长中的青春

对于大多数人来说，看卫星发射与观赏绚丽烟花无甚分别：震撼、感慨，却遥不可及。如今，从前科幻小说中才会出现的"太空经济""太空工业"，已经悄然来到身边，开始了民营化的进程。正在经历"大航海"时代般快速发展的商业卫星行业，或许即将影响我们每一个人的生活。

曹德志，清华大学（简称清华）博士生，受到实验室发起的伽马射线暴探测的立方星组网计划——"天格计划"的启发，他将卫星收到的数据快速处理并完成在轨触发工作，从而为地面的大望远镜后随观测提供预报，探索卫星领域的商业化机会，并创建了星测未来科技（北京）有限责任公司。

"人的一生就是一次伟大的创业。"这是曹德志常常提及的一句话，"你的整个生命都可以被理解为从零开始的创业，有的人可能会遇到很多挑战和挫折，会跌倒，也会再爬起来，我可能就是这样的人。"

在清华这片兼容并蓄的热土上，每一个人都能自由地探索自己的可能性，纵使裤脚沾满泥巴，也无法禁锢清华学子的好奇心和创造力。

在学习中成长，在历练中成才，这是当代青年学子应有的人生态度和人生经历。新一轮科技革命和产业变革方兴未艾，科技创新正成为重塑世界竞争格局和创造人类未来的主导力量。"要高度重视青年科技人才成长，使他们成为科技创新主力军。"习近平总书记在科学家座谈会上强调，要改善科技创新生态，激发创新创造活力，给广大科学家和科技工作者搭建施展才华的舞台，让科技创新成果源源不断地涌现出来。当代青年必将成为科技创新领域的先锋者和领导者，推动我国青年科技创新工作迈出新步伐。

青春在抉择中成长。有的时候，我们面临人生选择时总是手足无措，尤其在没有特别爱好的成长过程中，仅仅是适应了一系列的培训及选拔考核体系。随着社会的发展，现在的岗位对于学历的要求越来越高，研究生毕业后比本科生更有竞争力，为了让自己更有竞争优势，读研究生也成为许多学子本科毕业后的第一选择。在读研过程中，我们理应拒绝"躺平"，拒绝"内卷"，拥抱时代，勇担使命，在奋斗中谱写自己的青春年华。

青春，充满朝气、充满激情、充满热情。青春是唯一可以试错的时光，我们在试错中不断找寻并修正成功的路径，我们要坚定地相信自己"能行"，相信光明的未来必定到来。学习离不开坚持不懈的积累，研究离不开披荆斩棘的磨砺，"板凳要坐十年冷，文章不写半句空"，这是我们从事科研工作的真实写照。只有在一个领域不断探索、勇于创新、不懈努力，方能换来丰硕成果。

研究生阶段的学习是我们人生的宝贵财富，我们在创新创业实践中磨炼，在课题研究中成长，逆境不馁、顺境不飘、绝境不慌。我们在成长中要学会感恩，感恩时代赋予我们机遇和挑战，感恩学校为我们搭建了创新创业实践平台，感恩教师为我们种下了一颗科技创新的种子，感恩我们每一位同行者在成长过程中的相互勉励和相互鞭策，感恩亲人使我们置身于温暖和祥和的世界之中。

青春易逝，岁月难留。我们要珍惜青春、挽留青春、刻苦学习、埋头苦干，勇做锲而不舍、自强不息、勇于担当、甘于奉献、矢志奋斗的栋梁之材；要勇攀科学高峰、敢为人先、上下求索、潜心致研、攻坚克难；勇做走在时代前列、科研前沿的奋进者、开拓者；要品格高尚、勤学修德、明辨笃实、志存高远、脚踏实地；勇做社会主义核心价值观的坚定信仰者、积极传播者、模范践行者。

研究生教育

研究生教育作为我国高等教育体系的重要组成部分，承担着培养高端拔尖创新人才的重任，是高校创新创业活动实施的主力。研究生是完成本科阶段学习的具有相当专业基础的高层次人才，其课程设置应将专业领域现存的问题和社会发展实际需求作为课程的逻辑起点，由此引导研究生开展研究，寻求解决问题的方案，开发和评估创新创业商业化模式，通过团队合作和结课演示诠释研究生在科学研究与创新创业上思维及意识的双重成长。

研究生教育作为最高层次的国民教育，在经济社会发展和高等教育自身发展中占有重要地位。近年来，我国研究生教育发展较快，截至2022年，全国在学研究生365.36万人，其中硕士研究生309.75万人，博士研究生55.61万人，我国已经成为名副其实的研究生教育大国。研究生专业知识积累应更为丰富，科研能力应更强，鼓励引导研究生积极参与创新创业实践，提高研究生创新创业意识、创业精神和创造能力，不仅是社会发展的需求，也是国家培养一流人才的需要。

研究生创新创业人才培养是一项复杂的系统工程。我国研究生创新创业人才培养必须面向世界科技竞争最前沿，面向经济社会发展主战场，面向人民群众新需求，面向国家治理大战略，为我国经济建设培养德智美体劳全面发展，在本门学科内掌握坚实的基础理论和系统的专门知识的创新型人才；培养具有从事科学研究、教学工作或独立担负专门技术工作能力的研究生；培养具有独立从事科学研究工作的能力，在科学或专门技术上作出创造性成果的高级专门人才的博士生；重点提高研究生研究问题和分析问题的能力，特别是从事该学科科研工作的创新能力。

近几年来，研究生的学习目标不再是为了读博继续深造，进而从事学术研究，而是为了能在今后的工作中有更大的竞争力，更好地胜任工作。现在学生普遍对抽象纯理论知识不感兴趣，学习重点已由专业理论知识转变为实践应用知识，学习兴趣也由原来喜欢探究性的科学理论研究转向了掌握更强的专业实践能力和从事一定实践问题的研究能力，把自己打造成既有学术素养又有很强实践能力的应用型人才。

机遇和挑战

"路漫漫其修远兮，吾将上下而求索"，研究生征程充满机遇与挑战。新时代赋予研究生新的历史使命和新的责任，即以国家富强、人民幸福为己任，以做优秀研究生为目标，脚踏实地，奋勇前行！

新一轮世界科技革命和全球产业竞争，对我国研究生培养提出了新的要求。以新工科研究生培养为例，未来新兴产业和新经济需要的是实践能力强、创新能力强、具备国际竞争力的高素质复合型新工科人才，以AI、大数据、云计算、物联网、智能制造、集成电路和机器人等新兴专业为基本范畴的新工科人才是当前工科人才培育的重点。培养创新创业复合型新工科人才不仅是我国科技创新发展的重要驱动力，还是新一轮世界新兴科技革命和产业创新变革的主力军，也符合当代我国高等教育发展的需求，更体现了我国研究生教育改革创新的战略宗旨。

新工科内涵丰富、跨度较广，不仅强调问题导向，更强调战略导向，其通常由多学科交叉融合构成，体现了新兴产业对新工科的更高需求，可更好地服务于国家新经济发展、彰显国际影响力和竞争力、更好地提升国家核心竞争力。

新时代需要新工科人才。新工科研究生创新创业人才培养旨在培养引领未来技术和产业发展的新工科人才，将提高创新创业能力贯穿到研究生培养过程中，通过构建课程体系、实践体系和孵化体系，培养研究生的"社会能力+专业能力+商业能力"，培养他们了解所学知识规律与实践创新创业之间的转换能力，鼓励导师积极参与实践平台教学指导环节，实现创新创业教育融入研究生高层次人才培养全过程，培养基于技术创新的高层次人才创业者。

学校搭"戏台"，师生唱"主角"。学校应积极营造研究生创新创业氛围，建设校园研究生创新创业文化，定期开展创新创业论坛、创新创业沙龙和创新创业讲座等主题活动，支持研究生创新创业社团发展，促进广大研究生群体范围内的创新创业氛围营造。在新工科学科建设过程中，充分挖掘本学科的系统性、前沿性和实用性，加强新工科学科之间的交叉互补和融合发展，完善并丰富新工科学科建设，瞄准新工科学科发展前沿，丰富创新创业人才培养模式，为学生搭建创新创业训练平台，为"挑战杯""互联网+"等竞赛增加新兴信息技术等相关课程，培养研究生自主创新能力，引领研究生成长、成才。

人生的路很长，没有什么捷径和坦途可走，有时需要面对挫折、逆境和失败，有时需要分辨真伪、善恶、美丑，有时需要等待和忍耐。在研究生学习过程中，我们要不断地修炼和提升自己，抓住机会，实现人生价值。

师 生 情 谊

作为一名研究生，需要正确认识导师的作用，处理好与导师的关系，学生需要做到"敬"多"畏"少，这不仅关系到研究生能否在三年学习中得到更大收获，而且对研究生将来的工作和学习也有着极大的影响。高校应积极鼓励导师将创新创业教育融入研究生的整个培养体系中，为研究生创新创业教育改革探索新模式。

培养和提高研究生创新能力是研究生导师的重要任务。目前我国教育仍以应试为主，学生从小重视文化成绩，缺乏创新能力；进入大学以后，虽然高校非常重视创新创业教育，但受高校扩招政策的影响，每个学生得到的创新创业实践机会在不断减少，只有在实践中才能培养和锻炼创新创业能力和创新创业意识，而真正有条件培养和提高学生创新创业能力的就是在研究生学习阶段。在研究生学习阶段不仅可以培养学生独立思考和解决问题的能力，培养学生的创新精神和创业意识，而且将在很大程度上决定学生将来事业的格局和成就。

有的学生循规蹈矩、故步自封，认为学习好就可以做好研究；有的学生畏首畏尾、裹足不前，认为科学研究是件高深莫测的事，产生莫名的畏惧感。因此，导师在研究生创新创业教育中的地位和作用是不容忽视的。

什么是科技创新？科技创新是原创性科学研究和技术创新的总称，是指创造和应用新知识和新技术、新工艺，采用新的生产方式和经营管理模式，开发新产品，提高产品质量，提高新服务的过程。研究生创新创业教育是培养我国高层次人才的实践过程，引导学生全面深刻了解、尊重和继承前人已有的研究成果，在前人研究的基础上有所发现、有所发明、有所创造、有所前进，并运用科学的方法证明这种新发现、新发明和新创造。因此，培养研究生的创新意识、创造精神、创业能力显得尤为重要。

如何提高研究生的创新创业能力？

首先，导师要把创新创业教育理念融入研究生阶段的课题研究中，安排研究生进行课题研究，根据科研成果的创新性、科学性和先进性情况评估其商业价值，指导学生进行商业化可行性分析并撰写商业计划书，在创新创业实践过程中培养学生的科技创新能力及解决问题的独立思考能力。

其次，导师要做"引路人"。研究生导师是研究生的学术引领者，作为研究生导师，应鼓励学生在科研过程中多了解一下国内、国外的最新科研进展，积极参加国际、国内学术交流，为学生拓宽视野和开阔眼界提供条件；建立定期的项目研究进展报告会制度等，激发学生在实践活动过程中合理运用创新创业理论知识；积极扶持学生并严格把关，帮助学生解决实际困难，把研究生培育成具有创新精神和创新能力的高水平人才。

最后，导师要做时代"把脉人"。随着新工科建设的不断深入，AI、大数据、云计算和物联网工程等专业不断扩招研究生，大量新兴科技企业和工程设计研究单位为新工科专业研究生提供了丰富的可供选择的岗位,随着就业渠道的不断拓展,就业方向的不断开辟,研究生的毕业出路逐渐呈现出多元化的特点。很多研究生因社会阅历不够,往往不会一毕业就立刻创业,他们会先通过就业去学习一些社会技能,然后再根据经济形势和个人条件来选择是否创业。

学 习 动 机

研究生是我国高层次人才的储备军,肩负着科技创新的重要使命,是我国高素质创新人才队伍的生力军和重要后备力量。与本科生相比,研究生不仅应在知识、素质、能力上表现更佳,而且社会普遍认为他们本身应具有更高的研究素养。

学习动机是什么?学习动机是指激发个体进行学习活动、维持已引起的学习活动,并使行为朝向一定学习目标的一种内在过程或内部心理状态。学习动机是指能对学习的时间、地点、方式等产生影响的心理活动。教育学家普遍认为,一切与学习有关的行为,都是由某种动机引起的,如果没有了学习动机,学习就会成为无源之水、无本之木。

学习动机的价值。通过学习动机可以有效预测学生的学习效果及其学习能力,并且学习动机可以影响学生对学习环境的感知,从而对学生的学习方法产生间接的影响。许多研究生的学习经历显示,当他们在研究过程中遇到困难时,会体验到内在动机对推动研究进展的重要作用。

学习动机影响学习态度。在学习过程中,研究生的学习毅力、坚持力、执行力和注意力往往都受学习动机的影响。一方面,有些学生本科毕业面临严峻的就业压力,或者出于家庭中父母对自己的期望,使得他们继续进行研究生学习,这些出于自我需求的学习动机没有与我国研究生培养目标相契合;另一方面,高校在进行研究生招生时,缺乏研究生培养内容的相关宣讲,导致研究生未形成正确的学习观念,现实中所经历的与之前想象的充实的学习生活形成强大的反差,导致研究生学习和科研的积极性受到严重影响。

学习动机可影响学生的科学创造力。一般来说,学生的求知欲、学习兴趣、改善和提高自己能力的愿望等内在动机,多会促进个体创造力发挥,并且内在动机(如好奇心、求知欲、自尊心、责任感、学习兴趣和成功感等)能直接影响研究生的科研进程和创造力表现,而外在动机(如物质奖励或逃避惩罚)则可能会遏制其创造力发挥。学习动机尤其是内在动机是影响创造力的关键因素,并能够为相关部门更好地选拔与培养人才提供理论依据。

除学习动机外,学习风格也是影响研究生学业表现和研究创造力的重要因素。

学习风格的内涵和价值。学习风格就是学生在学习新知识和掌握新技能时所表现出来的具有个人特色的学习方式。学习风格体现在学生理解、组织及记忆所学内容时的个体差异,反映了学生自身稳定而独特的学习特点,当它与学习环境发生交互作用时,具有潜在可塑性。因此,学校若能在制订研究生教学计划或实施培养方案时考虑研究生的学习风格,势必会促使研究生的自我学习更加高效;另外,促使他们形成合适的学习风格,可以更有效地提高其自身学业表现。

研究生创新创业的优势。研究生作为高端前沿知识和创新技术的掌握者,具有综合素质高、科技创新精神和创新能力强等优势,其代表了先进的科技生产力。研究生创新创业不仅可以提高就业能力和创新创业能力,更能为我国的科技创新注入新的活力。2022年,我国高校毕业生就业形势更加严峻,为我国"稳就业"工作带来巨大挑战。在激励高校毕业生自主创业方面,国家出台了一系列政策,鼓励在校研究生积极参加各种创新和创业活动,并提供了良好的内外部条件,其中就包括最重要的创新创业资金支持。政府采取多种政策缓解创业压力,铺设"绿色通道"、简化审批手续、简化创业登记程序,并设立创业专项基金、开办专门的专项贷款机制、提供创业小额贷款支持等,国家的鼓励与政府的支持为研究生提供了积极的创业氛围。

创业行为包括创业机会发现与创业机会开发两个方面。在创业动机的驱使下,个体更倾向于开展创业活动,创业动机可以促进创业意识的产生,而创业意识的提高有助于发现潜在的创业机会。作为在校研究生，在创业动机的驱使下，研究生主要通过创业学习获取创业所需的知识和技能，进而促进创业机会的发现和开发，最终取得创业活动的成功。创业动机能够促进创业学习与创业行为，有助于激励研究生为实现创业目标而参加创业学习，为创业活动的开展做准备。

目前，许多高校都已开展了创新创业教育，设置了创业理论课程与创业实践活动，并在创业教育中融入创新理念。北京大学设置了系列创新创业相关课程，将创新创业学习与专业知识学习结合起来，并拥有一套完整的创新创业实践活动体系，校团委、就业指导服务中心、学校社团及各院系联合搭建了各类创新创业比赛平台，如创新创业计划比赛等，定期组织创新创业讲座与沙龙等第二课堂活动。无论是在理论层面还是实践层面上，创新创业学习对提升创新创业知识与能力，促进创新创业活动的开展都具有重要意义。

（徐德锋　任顺利）

第三章　营造浓厚的双创氛围

　　华为与全球 2000 多所高校合作建立了 ICT 学院。在中国，华为通过与教育部合作"智能基座"项目，推动把鲲鹏、昇腾等"根技术"融入教学，从源头上培养自主技术人才。2022 年，华为计划通过三年时间进一步通过产教融合、协同育人等方式，培养超过 300 万名新型计算人才，助力产业持续创新发展。

　　上海交通大学机械与动力工程学院和电子信息与电气工程学院的 4 名研究生，采用云、AI 等技术研发的基于华为云的虚拟直播服务平台，通过先进的 AI 视觉算法，大大降低了虚拟直播的门槛，使电商企业可以在直播中更好地融入虚拟现实元素，实现了真人与虚拟主播的互动，提升了直播的趣味性。2019 年，该团队的《我是大咖》项目，获得了第四届华为 ICT 大赛全球总决赛创新赛一等奖，基于该技术，目前成立了上海我咖科技有限公司，已获社会资本注入，待产品迭代完善后将会推向市场。

　　相对于本科生，研究生的学习经验、综合知识的积累更丰富，对专业方向的研究更加深入，基础更为扎实。现在，我们关注的是如何利用研究生的这些优势拓宽学生的视野、激发学生的兴趣、推动学生创新创业。在推进研究生的创新创业教育的过程中，高校主管部门除了提升学校硬件条件，还要营造创新创业的浓厚氛围，充分调动全体师生的主观能动性，为学生搭建锻炼实践的平台，注重新闻宣传和报道，全面优化工作环境，提升工作整体水平。

　　双创是经济新常态下社会发展的具体要求，也是缓解大学生就业难的重要选择。创新智慧和创业激情都离不开人的创造活力，发展高校研究生创新创业教育的目的就是要培养一大批具有创新精神和创新能力的新一代社会主义事业的建设人才。党中央、国务院高度重视研究生创新创业教育，"研究生教育在培养创新人才、提高创新能力、服务经济社会发展、推进国家治理体系和治理能力现代化方面具有重要作用。"研究生教育作为创新创业人才培养的重要阵地，必须根据双创战略的需要，积极探索面向创新创业人才培养的新模式。创新创业教育已经成为研究生教育所必需的内容，也是深化高校创新创业教育改革、提升高校毕业生更高质量创业就业的重要举措，将创新创业教育有机融入研究生培养过程，不断优化研究生创新创业人才培养过程与环境，营造创新创业氛围，是提升研究生创新创业能力的关键。

产教融合激活双创气氛

　　创新创业教育在高等教育体系中的地位日益凸显，已成为当前高等教育的重要组成部分，培养和提升高校研究生创新创业能力是完善高校研究生创新创业教育体系的重要环节，是有效支持和推动国家创新创业体系建立、建设创新型国家的重要措施。搭建产教融合、整合校企优质教育资源、运用多元化教育方式是培养满足行业需求的高素质人才的有效教育模式，该模式可充分发挥各自在创新型人才培养方面的优势，建立以课堂传授基础理论知识为主的大学教育与直接获取实践能力为主的生产活动、科研实践有机结合的人才培养体系。在现代社会和知识经济的背景下，产教融合是高等教育改革和发展的方向，是提高大学生创新创业实践能力的重要途径，高校与科研院所及企业逐渐开展的产、学、研合作，共同培养人才的模式已成为高等学校研究生创新创业能力培养的必然选择。

　　产教融合是产学研培养模式的核心要义，在培养具有创新创业能力的硕士研究生过程中，它以充分调动高校与企业合作的主动性为目标，充分发挥高校和企业各自的优势，通过双方的资源互补，达到培养应用型人才的最大化效能。

首先，在满足社会需求方面，高层次、高质量的应用型人才将成为国家经济发展与科技研发的重要基石，而培育具有创新能力与实践能力的硕士研究生将为推进国家现代化发展和社会进步注入源源不断的动力与活力；其次，在面对企业发展需求方面，产教融合的合作方式将更有利于培养出适应企业发展的实践型人才，且校企合作过程中也将不断推进企业的技术进步，提升其在行业纵深的核心竞争力；再次，在硕士研究生自身的成长过程中，产教融合有助于培养其科学的分析思维能力、创新精神与专业的工程素养，使其获取丰富的实践经验，从而能够更好地开展创新创业活动。

高等院校逐渐成为产教融合的关键环节。作为产教融合培养硕士研究生的主体，高等院校正在成为连接社会、企业及个人的中间枢纽，通过不断完善研究生的培养体制，拓展应用型人才的培养途径，努力提升研究生的科研水平与实践能力。在推进高校人才培养方面，产教融合培养学生的模式，将有助于从多角度开展教学实践，将专业理论知识与工程实践相结合，真正培育出能够分析问题并解决实际应用问题的实践型人才，从而提高所培养人才的质量。同时，在推进高校科研发展方面，产教融合的实践过程将有助于发现工业生产和技术推进过程中的科学问题，并开展深入研究，能够更好地发挥高校科研能力的优势，不断提升科技产业转化效率，提升创新效率，拓展科技成果转化渠道，促进企业发展与科技进步。产教融合培养研究生模式对于社会、高校、企业及个人都具有极其重要的作用，有助于学生了解企业运作过程中涉及的生产设备、技术、供应链、财务、管理等各方面知识，激发学生的创造精神和热情，提高实践能力。

构建产教融合培养模式必须兼顾高校教学课程任务、科研课题和企业实践能力三方面的需求，设计形成具有一致性发展方向与目标的课程体系，才能建立稳定、持续的协同育人的培养模式。

构建高效产教融合的培养模式。从高校、企业及科研工作对研究生的培养要求出发，以提升学生实践能力、创新能力和综合应用能力为目标，构建产教融合培养模式与培养体系，将产教融合方式稳定、持续地贯穿于整个研究生培养过程，可形成多维度的联合培养模式，即从共同制订培养方案，到联合建设培养平台及实践基地，再到产教融合实施培养过程，从而建立一套完整高效的培养链条。

完善双导师制。在现有产教融合培养专业硕士研究生的过程中，主要采用双导师的联合培养模式。选派高校中的高素质教师队伍作为校内导师，选派企业中工程实践能力强、有责任心的技术人员作为校外导师，这主要考虑高校导师与企业导师在知识架构与实践能力上互为补充的特点。高校导师和企业导师共同参与研究生科研培养指导，在教学过程中兼顾理论知识的学习与实践过程的锻炼，在研究论文完成阶段兼顾科研内容的理论深度与实际应用价值。与此同时，在产教融合过程中加强校企合作，由高校和企业进行各自资源整合与协调，为硕士研究生的培育过程提供多样化的学习资源、场地资源及课题资源。高校提供专业理论知识的讲授，企业提供实践环节的指导；高校提供充足的科研设备与研究资料，企业提供实训基地和实践课题；高校参与企业的技术攻关，并提供技术支持，企业提供实践研究的问题对象，促进高校课题研究转化为技术成果。在明确人才培养分工责任的同时，确保双导师制度下产教融合的无缝对接，是完善双导师制度实施效果的必然要求。导师各司其职，紧密沟通，其指导的主体需根据硕士研究生培养体系实施内容的阶段划分，但必须始终坚持在整个培养阶段协同育人，始终致力于培育学生的科学素养、专业知识及实践能力，在课程学习阶段以高校导师为主导，在实践阶段以企业导师为主导，在科研阶段双导师协同培养。为避免学生处于无管理状态，必须始终坚持双导师"并行培育，主体优先"的方式，学生需要定期向双导师汇报研究进展，定期组织校企双方导师对学生情况进行沟通，有效避免指导"真空"阶段的出现。

课程体系设计。组织高校专家和企业专家共同进行科学研讨，优化基于产教融合的课程教学体系设计，建立完善的教学活动环节与实践环节。该课程体系建设应以培养应用型研究生的科学素养、实践能力及创新思维为出发点,建立具有专业特色的课程群,兼顾理论深度与应用广度,兼顾专业知识学习与实践操作;应结合企业实际开发项目和技术研究课题,在教学过程中逐渐增加专业课程案例教学的比重,提供更多的实践探索环节,以问题为导向,启发学生探讨解决问题的实用技术方案;同时在教学方法上采用启发式手段,鼓励学生发挥创新精神研究专题学习内容;改进以往单一的传授式教学模式与教学方法,充分运用多元化教学手段,丰富多角度的学习内容,推进学生的自主思考与主动实践,不断提升学生的创新创业能力。

发挥实训平台的优势。建立并实施多元化学习模式,将课程学习的平台延伸至校企合作建设的实践基地与实训平台,始终坚持理论教学与实践教学相结合的模式,将专业理论知识真正与实践应用相结合。实训平台和实践基地为研究生提供了实践的场所与课题,增加了学生针对实际应用问题探索解决方案的途径;突破了以往在专业理论中发现研究问题的局限,在实践中、在企业需求中开发科学研究的课题。这样的实训过程不再是纸上谈兵,而是从实际应用中提炼科学问题,并极大发挥学生的创新能力,真正解决实际问题,将更加有助于提升学生的科学素养与综合应用能力。

依托合作攻关项目,增强创新创业能力。在产教融合的过程中逐渐推进以项目为主导的人才创新创业能力培养。结合企业需求和高校科研能力,校企双方合作可以进行项目的申请和执行,并在这一过程中,充分调动研究生发现问题、解决问题的积极性,以启发式方法引导学生在实践中发现科学问题,发挥其创新能力,探索解决具体工程问题和科学问题的解决方案。同时,可以将高校纵向科研项目的研究内容与企业产业需求相结合,推进技术成果转化,为学生探索高新技术方案产品化的路径提供平台;也可以通过校企合作的横向项目,解决企业技术发展中的实际问题,提供有力的技术支持。

通过竞赛增强创新创业能力。立足于高等工科院校的平台,多领域的学科竞赛为硕士研究生专业实践能力的提升提供了新的契机,以学科竞赛为导向的实践过程,为研究生实践动手能力和创新能力的发挥开辟了新的道路,竞赛选题通常兼具科研深度与实践要求,能够充分调动硕士研究生的创新意识与实际应用操作能力。通过为学生挖掘多角度的实践机会,鼓励他们结合实际问题提供具有实用价值的解决方案,学科竞赛为研究生应用能力的发挥与展示提供了一个有影响力的平台。在竞赛过程中,企业导师可以提供创业指导,高校导师可以提供专业理论的支持,二者协同促进硕士研究生通过多途径方式提升创新创业能力。

除了产教融合培养模式之外,校校(所)协同培养和国际协同培养对于研究生创新创业能力的提升也具有益作用。

校校(所)协同培养。建立"优势互补、联合指导"的研究生校校(所)协同培养机制。聘请外校和(或)科研院所的专家为校外第一导师,同时配备一名校内教师作为校内合作导师,通过制订相关文件,明确校外第一导师的遴选条件及校内外导师的责任与权利,确保校校(所)协同培养研究生的质量。校外导师主要负责指导研究生的选题与论文研究,并提供研究课题;校内导师主要负责指导研究生的课程学习与日常管理,以定期组会的形式对学生开展联合指导。

国际协同培养。柔性聘任国际专家和国际合作高校教授,建立一支相对稳定的国际导师队伍,以合作方式指导研究生。通过开设研究生短期课程、举办学术讲座、研究生短期赴国外高校访学交流等形式协同培养;同时,搭建国际学术交流平台,邀请境外知名专家为学生做行业前沿报告,进一步拓宽研究生的国际化视野。

产教融合可培养学生的创新创业能力,是社会与学校共同培养人才、企业和科研机构参与办学的有效方式,它有利于课堂与社会的有机结合,有利于理论和实践的紧密结合。

学科交叉延伸双创气氛

多学科交叉融合是创新的源泉,同时也是研究生创新创业能力培养的有效途径。当今世界学科前沿的重大突破和重大创新成果，大多是多学科交叉、融合和汇聚的结果。近年来我国研究生教育围绕着学科交叉开展了一些积极探索，但总体上仍然是以传统的"核心"学科为主，学科交叉融合度低、学科之间壁垒重重。

创新创业人才的核心素质就是拥有丰富的科学知识、深厚的文化底蕴、扎实的科学素养和活跃的创新思维。学科交叉融合实质上就是不断创新，在创新创业人才培养中发挥重要作用。当代科技表现出既高度分化又高度综合的大趋势，重大的科技、经济社会问题的研究和解决，要求多学科的思维、观念、技术和方法协同合作，多学科知识的交融为孕育出创新性活动奠定了知识基础。学科交叉融合有利于创新人才知识结构的广度、深度和拓展，有助于他们对深厚而扎实的基础知识的掌握，对相邻学科及必要的横向学科知识的了解，完备的知识结构更有助于综合思维能力和创新能力的增强。具有广阔的知识面，又掌握了渊博知识的科学家，往往能够产生独到的见解和新的想法。有学者通过考察466位诺贝尔奖得主的知识背景发现，绝大多数诺贝尔奖得主拥有广泛的兴趣爱好、良好的哲学与人文修养、既博又专的科学知识结构，由此可见，知识背景交叉已成为科学家打破习惯思维、扩大创新思维广度、取得原创性成果的源泉。开阔的学术视野是创新性思维品质形成的基础，没有开阔的学术视野，创新性思维品质的形成就没有根基。因此，开阔的学术视野及跨学科知识是创新人才必须具备的基本素质。学科交叉由于融合了不同学科的内容、思路和方法，突破了单一的思维模式框架，通过相关学科的理论、观点、技术和方法的相互碰撞、吸收渗透、移植和重组融合，故可以突破本学科领域固有思维模式的框架，易于激发灵感，使自己的思路变得发散，实现思维方式的创新和突破，从而产生具有新思想的思维活动。创新创业活动是对事物认识的深化、拓展和升华，它总体上属于意识的能动范畴，这就决定了创新创业活动离不开物质前提和实践基础。创新创业活动不是随心所欲的主观臆想和标新立异，而是根源于实践，在解决复杂问题的过程中，通过多学科、多技术和多方法的应用与实践，有助于培养解决复杂问题的综合能力，从而指导创新创业者更好地经营其企业。

学科交叉培养模式建立了多学科知识体系，并侧重融会贯通学科研究方法和技能，重构研究生培养目标、课程结构设置、教学方法和手段、教学机制等，以培养学生创新思维，激发其学习兴趣，提高其综合素质，为其创新创业奠定基础。

学科交叉创新创业教育模式可打破常规创业教育模式，使学生在专业学习和实践中掌握知识技能，培养创新创业能力，提升学生的参与热情，为创新创业教育开展开辟新途径。英国林肯大学商学院从学生个性发展、职业经验获取、技能开发、就业和择业指导及实践性操作等方面构建了创新创业教育与学位课程有机融合框架，有效提升了学生的综合素质和创新创业能力。

学科交叉融合创新创业教育模式可营造创新创业教育氛围，使学生有更多机会参与以学科竞赛为基础开展的各类创新创业大赛，将创新创业能力培养与专业学习、实践操作有机融合。

学科交叉融合创新创业教育模式不但重视推进创业教育，还将其嵌入多学科教学中，在学科教学中培养学生的创新意识和创新思维，激发其创业动力，熏陶其创新人格，从而为创业教育推广和实施提供了广阔发展空间。

以中国国际"互联网+"大学生创新创业大赛为例，大赛项目主要包括"互联网+"现代农业、"互联网+"制造业、"互联网+"信息技术服务、"互联网+"文化创意服务、"互联网+"商务服务、"互联网+"公共服务、"互联网+"公益创业。通过参赛项目类别设置发现，如仅以公共选修课或必修课形式开设创新创业教育课程，很难挖掘学科教育中的创新点，不利于培育创新思维，难以实现成果高产出。可见，学科交叉融合创新创业教育有助于改革人才培养模式，让更多学生产出创新作品和成果。ofo共享单车是第二届中国国际"互联网+"大学生创新创业大赛作品；第三届中国国际"互联网+"大学生创新创业大赛金奖项目"终极发动机"，打破了传统发动机以柴油或汽油为燃料的现状，融合柴油、汽油机优势，首创射流控制压缩点火燃烧系统，在世界范围内首次实现了柴油机与汽油机的统一，具有动力强、效率高、油耗低、排放低等特点，该项目已签署投资意向书。这些创新创业成果的产生和转化是创新创业教育学科教学深度融合的结果。

创新创业人才不仅需要具备创新的素质与能力，同时需要具备创业的实践能力。近年来，我国高校围绕着创新或创业型人才的培养开展了一些积极的探索，但是总体上还是在传统培养模式基础上的局部修正和补充，人才培养模式仍没有得到根本性转变。国外一流大学的办学经验证明，学科交叉与跨界融合是创新创业人才培养的关键之举。积极探索跨学科交叉培养的新机制并构建跨界融合人才培养的新模式，是提高我国研究生创新创业能力的重要途径和高校落实双创国家战略的重要手段。

以赛促创营造双创氛围

本科生创新创业教育氛围相对浓厚，有"互联网+""挑战杯"等创新创业类赛事，但研究生缺乏创新创业各类竞赛的参与度。研究生的心理素质较高和团队精神较强，并且研究生具有缜密的逻辑思维能力和扎实的专业知识，可以更加理性和全面地看待问题，能更好地将所学的知识应用到实际中。因此，高校可以多开展全校范围包括研究生在内的创新创业比赛和相关科技竞赛，在本科生创新创业宣传教育的基础上，涵盖研究生，宣传创新创业相关政策活动，鼓励研究生参加，积极宣传推广研究生创业之星，宣传研究生创新创业成功典型案例，进一步营造氛围，并且将培育出的项目作为重点孵化项目；以奖评增加参与度，将比赛参与度作为学生评优的依据之一，激发创新活力，营造创业氛围，充分调动研究生的创新创业积极性和热情。

营造浓厚双创氛围，助力优质项目落地开花

例如，浙江大学工程师学院成立了"创客联盟"实践类公益性学生社团。通过组建由多名校内、校外知名创新创业专家担任指导教师的企业家顾问团队和指导教师团队，对创业过程进行分阶段的精准指导；让每一位参加训练的研究生充分了解一个创业项目从概念到上市的全过程，提高创新创业思维训练课程学习的精准性和有效性，并通过"萌芽—规划—培养—孵化—反馈"五步走，为研究生参与创新创业模拟和实战训练项目打好基础；设计覆盖战略规划、资金筹集、市场营销、产品研发、生产组织、物资采购、设备投资与改造、财务核算与管理等领域的训练科目，并通过引入竞争法则，把每个团队受训者组成六个相互竞争的模拟企业，来演练和估计企业 5～6 年的经营趋势，使受训者掌握科学的管理规律；同时结合内部创业类竞赛小项目训练，使受训研究生对企业资源的管理分配有一个真实的体验，提升研究生创新创业知识应用创新能力，为研究生参与创新创业实战项目打好基础。

（胡 航 龚 亮）

第四章　青春是探索之旅

姚颂，1992年出生，22岁毕业于清华大学，23岁成立北京深鉴科技有限公司，投身AI芯片创业，25岁公司作价3亿美元被收购，29岁再创业，跨界商业航天，联合创办火箭企业东方空间技术（山东）有限公司。九零后的姚颂身兼硬科技创业者和投资人双重身份，是全国青年联合会委员，也是清华大学最年轻的大额捐赠人。东方空间，意为"自东方探索空间，为东方探索空间"，短期目标是达到一流发射水平，中期是实现载人飞行商业化，长期规划是实现近地行星探索商业化。

青春，是一次次求真的探索之旅。"艰苦创业、自强不息"，在研究生学习阶段，在我们自己的课题研究中辛勤耕耘着我们的青春梦想，开始自己的第一次探索，勇往直前。用科学知识促进个人成长、服务社会发展，已成为我们孜孜以求的人生目标。

科学在于寻找真理。对科学和真理的追求、探索，是推动人类历史发展的不竭动力，是百年未有之大变局中赢得主动的关键。我们要始终保持着对世界的好奇与探索，在研究生学习过程中，勤于学习，善于思考，勇于实践，敢于创新，始终聚焦科技创新发展中的难点、"痛点"、"堵点"等问题，常为新、敢创造，不等待、不观望、不懈怠，引领科技创新发展和时代进步。

创新精神的本质是什么？创新精神本质上是一种独立探究精神，关键在于使我们在创新的过程中学会独立思考、独立判断、独立探究和独立发现。一切科学事业都需要探索精神。探索者总是要面对着未知的世界，每前进一小步都会增加一百倍的艰险，因此这种精神既是创造精神、开拓精神，也是冒险精神、献身精神。冒险精神是一种敢为人先的担当，是一种敢于开拓全新事业的首创精神，冒险精神和创新精神是一脉相承的，创新精神离不开冒险精神。创新精神由创新意识、质疑与批判、探索与求实、冒险与牺牲、坚忍与宽容等成分构成。创新是一场"壮丽的探险"，唯有以"豁出去"的精神奋勇前行，才能率先抵达顶峰。

冒险精神是什么？冒险精神就是要求创业者时时刻刻拥有对市场决断的勇气与洞察力，能审时度势地在复杂环境与情况下洞察到事物的内在本质和运动发展趋势，能通过各种渠道认真听取与分析各方面意见，并不失时机地作出科学合理的决策。

创业者要有冒险精神。创业者不仅要承担不同程度上的财务风险，而且创业环境的不确定性因素也给创业者增添了巨大的心理压力，只有具备冒险精神的人才适合创业。创业者是引领企业在市场中乘风破浪的壮士，是一位引领企业之船航向商业大海的舵手，是一位征服大海的冒险家，在大海中承受各种危机带来的巨大心理压力，引导着水手们扬帆前进，最终成功到达那片美丽的岛屿，找到那失落在经济与商业深海中的宝藏。冒险精神是创业者精神的一个重要组成部分，但创业毕竟不是赌博，创业者的冒险，迥异于冒进，它是有智谋的突破，是有勇有谋的前行；无知的冒进只会使事情变得更糟，使行为变得毫无意义，并且惹人耻笑。

冒险精神区别于冒险家。创业者不是冒险家，创业者看到的不是失败的风险，他看到更多的是成功的希望。还有，创业者是不轻易放弃的人，因为在拼命做自认为会成为大方向的"小东西"时，创业者会遭到很多人的"白眼"，如果此时放弃，就失去日后让他人"红眼"的机会了。

学别人创业，学"如何创业"，既要学内容，更要学方法。这也是中国教育体系短缺的东西，因为我们从小就身经百"考"，注重的都是内容，为了应付考试，不得不背很多内容，对方法和能力的锻炼有限。在这个体系下训练出来的"成功人士"知识丰富，但是创意有限，"治疗"这个病的唯一方法就是实践。

研究生的探索之旅，就是培养研究生的创新精神、探索精神和冒险精神，这是一种探险，甚至冒险的勇往直前的精神，是一种奋不顾身的献身精神，而不是一种左顾右盼、瞻前顾后的平衡，研究生的探索之旅就是一种如居里夫人所说的像陀螺那样飞速运转的科学探索的精神追求，周围的一切噪声都不至于打搅自己宁静的心思。

青春之探索

一杯茶、一本书、一知己，品茶论道悦人生，从品茗中感受乐趣，从品茗中感悟人生。

一位青年朋友春节前推荐我阅读《茶经》《钱学森说——一名中国科技工作者的自白》《人类简史》《时间简史》《未来简史》等清华大学理工科学生的阅读书籍。春节期间，我利用空余时间认真阅读了《茶经》和《钱学森说——一名中国科技工作者的自白》。陆羽在《茶经》中将茶人修养的最高境界概括为"精行俭德"，这是陆羽对饮茶人道德修养的基本要求，也是他衡量茶人思想、品德、行为、信念等的标准。"精"，即做事专心致志、聚精会神、一心一意等，无论是茶的制造，还是水的煎煮、饮时的程序等，无不要求精心而作，只有精益求精才能品饮茶的真香。"行"，即礼仪、行为、举止，实际去做时的文明礼貌、真诚热情、谈吐得体、尊重他人等行为。"俭"，以勤俭作为茶事的内涵，厉行勤俭节约，反对铺张浪费的茶事行为。"德"，具有君子性情的高尚品德的人，具有仁爱、善行的道德品行的人，才是真正意义上的茶人。陆羽的《茶经》吸收了儒、释、道三家的思想精华，体现了儒家"仁""礼""中庸"的思想文化；释净空，静下心求得对"苦"的解脱；道家亲近自然、自我静修的心灵慰藉，使得人们在品味茶的色、香、味的过程中，精神与情感得到净化与升华。

三月的春日午后，约上朋友到春秋茶楼去喝茶，品茶论道。可惜的是春秋茶楼停业了。我们先在淹城春秋乐园附近逛了一大圈，仍然没有找到一家营业的茶馆，后来在朋友的建议下，我们先参观了常州市武进博物馆（常州市武进区春秋淹城博物馆），朋友自告奋勇地当了一回导游和义务讲解员。

常州市武进区博物馆是展示武进历史文化和江南古代文明的艺术殿堂，设有"史河流韵""春秋淹城"两个基本展厅。展厅展出的有几十万年前的古菱齿象牙化石、新石器时代的玉器和石器，以及商、周至明、清的玉器、陶器、瓷器、青铜器、铁器和金银饰品等。良渚文化玉器、春秋时期的原始青瓷器、明代纺织品是馆藏的特色，其中良渚文化11节人面纹玉琮、玉带钩、独木舟、原始青瓷鼎为"镇馆之宝"。

三国吴国大帝孙权崇尚武功，曾以统一大业为己任，于嘉禾三年（234年）诏复丹徒为武进，取以武而进之意。武进的命名，表现了孙权以武力统一全国的英雄气概。武进具有独特的历史文化，我们走进常州市武进区博物馆，了解一下武进的历史变迁，感受武进传统文化的博大精深。

马家浜文化是武进地区发现最早的新石器时代文化，距今有着五千多年的历史。马家浜遗址是先民们的住所，这里有春秋淹城出土的文物——青瓷器，有春秋时期出土的青铜剑和矛，有春秋时期的服饰和乌纱帽。

常州市武进区博物馆位于常州市南约7公里（1公里=1km），是目前我国自西周到春秋时期保存下来的最古老、最完整的地面古城池，迄今已有将近3000年的历史，现为全国重要文物保护单位，这里古老、幽静，有许多蕴藏在地下的中华民族的灿烂文化。所以这里的人有这样一种说法："明清文化看北京，隋唐文化看西安，春秋文化看淹城"。

青年朋友非常熟悉博物馆内的每件展品，讲解春秋时期展品时口若悬河，解说专业到位。朋友说他非常喜欢讲解员岗位，可以讲历史，品人生，悟真谛。

青年朋友在南京大学读书时，利用大一暑假报名参加了常州市武进区博物馆志愿者的选拔，通过博物馆的综合知识考试、演讲与答辩等程序，层层筛选，最终脱颖而出。常州市武进区博物馆是朋友当志愿者的一次实践，他非常珍惜这次机会，认真学习专业知识，整理归纳文物的历史资料，朋友能在一周的时间内熟记常州市武进区博物馆内提供的十多万字的文物资料，第八天开始就上岗为游客讲解。通过一个多月的实践，他不但提高了自学能力，还提高了随机应变和语言表达能力，进一步增强了他的自信，鼓舞了斗志。勤奋好学和博学强记助他成功，助他成长。

青年朋友通过义务讲解员选拔考试，先后走进了常州博物馆、故宫博物院、中国国家博物馆和中国人民革命军事博物馆，为学生、工人、教师、科学家、政府官员等讲解中国的传统历史文化和考古成就。为小学生讲解时，他努力用生动、形象的语言讲解；为考古专家讲解时，他努力讲清楚物品的来龙去脉和历史渊源，有时考古专家和历史学家还能够丰富他现有的知识面；为工人、教师和政府官员讲解时，他努力结合具有时代特征的创新精神，宣传中国的优秀历史文化。他在当博物馆讲解员期间，不但学到了历史知识，还学到了地理、自然科学、技术科学等方面的知识；不但加深了对我国文物保护和考古科学的认识，还加深了对哲学的理解，逐渐开始思考人生和生命，这段经历对他完成大学专业的学习及今后的工作均有很大的帮助。

这是一名充满活力的青年志愿者，一名文物宣教员，替文物发声，做文化使者。他用实际行动秉承了"精、行、俭、德"的茶道精神，诠释了"奉献、友爱、互助、进步"的志愿者精神。

我们还讨论了《钱学森说——一名中国科技工作者的自白》一书中的相关内容，这本书精选了钱学森的语录，并以书法形式进行展示。这些语录深切表达了钱学森求真务实的科学精神和真挚、崇高的爱国情怀，是留给世人的宝贵精神财富。

钱学森说："我是中国人，我到美国来是学习科学技术的。我的祖国需要我，因此，我总有一天要回到中国去。我从来也没有打算在美国住一辈子。"

"今天我们重新踏上祖国的土地，觉得无限的愉快和兴奋。过去四五年来，因为美国政府无理的羁留，归国无期，天天在焦虑和气愤中过活。现在靠了我国政府在外交上严正有力的支持，和世界爱好和平的人民在舆论上的援助，我们才能安然返国。我们向政府和所有帮助我们的人民致谢。"

"我为什么要选择中国？我的回答是因为我选择了马克思主义，选择了共产主义的理想，还因为我热爱我的祖国。"

可以说，钱学森的"出国留学"和"归国建设"是其践行科学救国初心的辩证统一。当他在回答"我为什么要走回归祖国这条道路"时，不无激动地说："我认为道理很简单——鸦片战争近百年来，国人强国梦不息，抗争不断。革命先烈为兴邦，为了中华儿女的强国梦，献出了宝贵的生命，血沃中华热土。我个人作为中华儿女的一员，只能追随先烈的足迹，在千万般艰险中，探索追求，不顾及其他。"正因如此，"让一个社会主义新中国屹立于世界东方"可谓钱学森毕生以求的中国梦。

青春的思考

青春，凝聚了我们的欢乐和忧愁，也见证了我们的成长之路，青春挥洒的时代是我们生命中最为灿烂的一笔，让我们在青春的旅途中成就别样的绚烂。

回望历史，它的一点一滴满满的都是文化。流淌千年的大运河是中华民族奔流不息的血脉，是中华文明的主要标志。革命先辈在运河两岸开展了波澜壮阔的革命斗争，留下了极为丰富的"红色文化"资源。习近平总书记强调，要把红色资源利用好、把红色传统发扬好、把红色基因传承好。

江苏省政府高度重视大运河两岸"红色文化"资源的开发和利用，打造了常州三杰纪念馆、淮海战役纪念馆、周恩来纪念馆、新四军纪念馆、新四军江南指挥部纪念馆等著名"红色文化"旅游地，在大运河文化带建设中挖掘"红色文化"。常州市政府将瞿秋白、张太雷、史良等一批革命先烈曾生活过的青果巷打造为大运河"红色文化"教育基地。

"红色文化"是中国共产党领导中国人民在革命、建设和改革的伟大实践中创造、积累的先进文化，蕴含着崇高思想境界和革命道德情操，开天辟地、敢为人先的首创精神，坚定理想、百折不挠的奋斗精神，立党为公、忠诚为民的奉献精神。

习近平总书记在同各界优秀青年代表座谈时鼓励当代青年要走在创新创造前列，要勇于创业、敢闯敢干，努力在改革开放中闯新路、创新业，不断开辟事业发展新天地。2017年8月15日，习近平总书记给参加第三届"青年红色筑梦之旅"的大学生回信，深切勉励青年学生扎根中国大地，了解国情民情，在创新创业中增长智慧、才干，在艰苦奋斗中锤炼意志、品质，用青春书写无愧于时代、无愧于历史的华彩篇章。因此，在新时代新创业教育改革环境下，将新时代大运河"红色文化"融入高校创新创业教育，培育和践行社会主义核心价值观，推进高校创新创业教育改革，培养适应新时代发展需求的高素质人才，具有重要意义。

江苏省大运河"红色文化"资源十分丰富，共有"红色文化"遗址420余处，大运河水滋养了周恩来、瞿秋白、张太雷、恽代英、秦邦宪、江上青等一批江苏优秀儿女，也留下了刘少奇、陈毅、粟裕等老一辈革命家的光辉足迹。这些珍贵的"红色文化"资源，始终伴随着中国共产党的成长历程，见证了中国共产党在新民主主义革命时期在江苏进行艰苦卓绝斗争的光辉历程，展示了共产党人为求得民族独立和人民解放，结束半殖民地半封建社会，不怕艰难困苦、不怕流血牺牲，赴汤蹈火，追求卓越的奉献精神，蕴含着中国共产党的优良传统和中华民族伟大的民族精神，构成了江苏绵延数千年的运河文脉历史传承和永不褪色的红色记忆。

江苏省大运河文化带建设工作领导小组成立于2018年6月7日，以习近平总书记关于大运河文化带建设的重要指示批示精神为指导，推动大运河文化带江苏段建设走在全国前列，挖掘大运河"红色文化"资源，使其成为涵养社会主义核心价值观的重要源泉，增强民族自信心与自豪感，向世界展现中华文明的独特魅力。江苏省大运河"红色文化"集中体现了新时代中国共产党人的价值取向、政治定力和使命担当，对引领青年学生实践创新创业教育具有重要的新时代社会政治意义。

挖掘大运河"红色文化"内涵，将其融入高校创新创业教育实践中，有助于发扬大运河"红色文化"精神。2020年9月16日，常州市召开大运河文化带建设工作领导小组专题会议，精准打造大运河文化带建设核心样板。通过挖掘大运河常州段"红色文化"资源，以及常州三杰：瞿秋白、恽代英和张太雷纪念馆等大运河"红色文化"资源，将常州三杰精神内涵等"红色文化"基因深植于青年学生思想中，引导他们铭记"红色历史"，砥砺奋进，唱响和平与发展新时代主旋律；让当代青年走近"红色文化"，弘扬革命精神，坚定文化自信；教育引导他们树立正确的价值观、人生观和世界观；培育新时代青年践行社会主义核心价值观，培养他们吃苦耐劳、开拓进取、敢为人先和追求卓越的双创精神；促进他们积极创新、自主创业、投身科研实践。大力推进高校创新创业教育新发展。将大运河"红色文化"融入高校创新创业教育实践中，对于培育当代青年在实践中学真知、悟真谛，加强磨炼、增长本领，在创新创业实践中成为新时代社会主义接班人，具有十分重要的实践指导意义。

大运河"红色文化"蕴含着不畏艰难、勇于克服困难、坚持不懈等创新创业价值观念。在波澜壮阔的革命斗争中，江苏大运河两岸孕育诞生了瞿秋白精神、雨花台英烈精神、周恩来精神、淮海战役精神等彪炳史册的革命精神和"红色文化"，对青年学生的创新创业及思想政治教育具有思想引领作用。

"革命理想高于天。没有一大批具有坚定共产主义理想的中华儿女，就没有中国共产党，也就没有新中国，更没有今天我国的发展进步。"江苏大运河"红色文化"中蕴含着中国共产党人的理想信念、爱国情怀、道德追求和精神境界，是宝贵的精神财富。我们应该大力推进江苏大运河"红色文化"，把江苏"红色文化"品牌擦得更亮，让"红色基因"代代相传。

习近平总书记认为，青年最持久、最深沉、最有力的是自身的精神力量，因此，新时代中国青年要自觉树立和践行社会主义核心价值观，善于从中华民族传统美德中汲取道德滋养。挖掘大运河"红色文化"资源，融入高校创新创业教育中，更好地履行高校立德树人的使命，为当代学生提供正确的价值导向，自觉抵制拜金主义、享乐主义、极端个人主义、历史虚无主义等错误思想，在遭遇挫折时坚定意志，在发展顺利时保持清醒，通过不懈地努力实现自己的梦想。

作为青年学生，在创新创业前期需要认真学习科学理论知识、创新创业理论，树立正确的社会主义核心价值观，为自己未来创新创业做知识铺垫与积累；同时，要立足于现实，积极调研、探索创新创业的社会环境、国家对创新创业的扶持政策等与创新创业相关的因素，将可控风险通过人为努力降到最低，努力提高青年学生的创新创业成功率。

一百多年前江苏省大运河两岸涌现出周恩来、瞿秋白、张闻天、张太雷、恽代英、秦邦宪等一大批革命青年精英，为了改变旧中国贫穷落后的面貌，毅然抛弃了优越的生活，投身到革命洪流中来，追随马克思主义真理之光，穿过旧中国的阴霾。不畏艰险、迎难而上、自力更生、艰苦奋斗，逐步成为中国共产党攻坚克难的不竭动力，成为中国共产党人的政治本色和一贯的精神风貌。在国家大力倡导"大众创业、万众创新"的时代背景下，高校开展创新创业教育，培养创新创业型人才，需引入自力更生、艰苦奋斗的创业精神和江苏大运河"红色文化"，激发广大青年学生创新创业热情，培养青年学生的创新精神和创业意识，提高创新创业能力，锤炼本领、担当作为，勇做新时代引领风尚的弄潮儿。

大运河是流淌的、活态的历史文化遗产，大运河文化带的建设不仅要保护过去、挖掘过去，传承大运河文化，更要立足新时代，展望未来，使大运河成为展示和传播中华优秀文化的大长廊。大运河"红色文化"是整体性的文化传承，要将其放在宏观的、历史的、文化的、政治制度的综合背景框架中。在今天大运河文化带建设的浪潮中，常州市大运河文化带建设应走出自己的特色道路，要充分发挥常州市大运河"红色文化"的优势，整合全社会资源，齐抓共管，形成青年成长、成才的最大合力；把大运河"红色文化"融入高校创新创业教育实践中，融入一座城市（常州市）和一所大学（常州大学）的血脉中，引领当代青年学生努力在改革开放中闯新路、创新业，不断开辟事业，发展新天地。

青春之实践

青春是人生中最美好的时光，青春是一个追求梦想的花季。青春像一场焰火，短暂而绚丽！青春代表着一团朝气和一份激情，无畏无惧，没有困难，没有探险，只有奋斗和热血。

毛泽东的词《沁园春·长沙》中的"恰同学少年，风华正茂；书生意气，挥斥方遒。指点江山，激扬文字"，足以证明青年的青春必定是激荡人心的，必定是瑰丽多彩的，必定是活力四射的，必定是催人奋进的！

青年是整个社会力量中最积极、最有生气的力量，国家的希望在青年，民族的未来在青年。习近平总书记对新时代青年寄予了深切厚望，2021年4月19日在清华大学考察时强调，广大青年要肩负历史使命，坚定前进信心，立大志、明大德、成大才、担大任，努力成为堪当民族复兴重任的时代新人，让青春在为祖国、为民族、为人民、为人类的不懈奋斗中绽放绚丽之花。

"凡益之道，与时偕行。"五千年文明的上下求索，展示着中华民族的辉煌历史和灿烂文化，文化的传承与创新将是我国成为世界强国的必要条件，也是我国实现中华民族伟大复兴的必备要素。当代青年必须也必将承担历史重任，方可实现中华民族的伟大复兴！

苏联著名作家奥斯特洛夫斯基说过："生活赋予我们一种巨大的和无限高贵的礼品，这就是青春：充满着力量，充满着期待，充满着求知和斗争的志向，充满着希望和信心的青春！"的确如此，青春是人生最美好的季节，青春是人生中最美丽的一道风景，青春是人生最宝贵的诗篇，青春是旭日东升的力量。新时代青年就是要意气风发，敢为人先，斗志昂扬，勇于拼搏！

青年兴则国家兴，青年强则国家强！新时代青年，正如一柄刚刚出炉的刀，容不得片刻的等待与迟疑，要像老黄牛那样实干苦干，保持奋斗的激情不减、状态不变、恒心不失，更要像云中的白鹤一样一飞冲天！新时代青年绝不让似水的岁月在氧化中失去光泽，随即斑驳、锈蚀、风化，最后变为一块废铁！新时代青年要迎着青春之歌，踔厉奋发、笃行不息，方能不负历史、不负时代、不负人民。

一位从事马克思主义哲学研究的青年学生，一位坚定的马克思主义信仰者。他认真阅读马克思主义经典原著，学习和实践马克思主义理论，坚持弘扬马克思主义观，学思践悟习近平新时代中国特色社会主义思想，始终做马克思主义的坚定信仰者。青年说："人就这一生，要有理想和目标，不能糊糊涂涂的。有了远大理想和明确目标，要持之以恒地去努力。今天的事情不要拖到明天做，自己的追求不要留给下一代去完成。要克服一个'懒'字啊，脑子要勤想问题，手要勤快做事。年龄不小了，以后能像这样的学习机会不多了，一定得抓住当前的宝贵时间去读书。辛苦些，没错；坚持些，没错；自律些，没错。经得住寂寞，好好锤炼自己！"

　　一位参加国庆七十周年庆祝活动的清华大学的青年志愿者。2019年10月1日，在庆祝中华人民共和国成立七十周年盛大的阅兵式中，约有十万群众参加了以"同心共筑中国梦"为主题的群众游行。在这次国庆盛典上，他参加了由3514名清华大学师生组成的"伟大复兴"方阵，参加群众游行。从7月开始，他们放弃了暑假休息、外出旅游等计划，以饱满的热情投入训练中；在参训过程中，学校专门组织了43场"我与祖国共成长"主题党团日活动；他们还自发组织重温入党誓词等活动，牢记当代青年使命担当。

　　一位参加安徽省"巢湖保卫战"的防汛青年志愿者。2020年8月，在安徽省巢湖大堤防汛抗洪抢险的人群中，他身着橘黄色救生衣的身影总出现在防汛抗洪第一线，他是一位从江苏奔赴抗洪救灾一线的志愿者，在绵延百里的巢湖岸线边，数千名防汛一线志愿者为抗洪抢险筑起一道道坚不可摧的"红色堡垒"，在高温炙烤下守卫家园。

　　一位参与第二十四届冬季奥林匹克运动会（北京冬奥会）的青年志愿者。作为冬奥会志愿者，在做好冬奥会中对外联络服务的同时，也肩负着讲好中国故事，传播好中国声音，向世界展现中国青年饱满的热情和积极向上的精神风貌的任务。北京冬奥会给世界留下了宝贵的时代遗产；为绿色办奥贡献了中国智慧和中国方案，用冬奥之光点亮冰雪梦想，并以冰雪运动为纽带，凝聚"更团结"的力量，为饱受困扰的世界注入了更多信心和力量。

　　这位出类拔萃的年轻人，用自己的实际行动谱写着属于自己的"青春之歌"。从"巢湖保卫战"的防汛一线青年志愿者到北京冬奥会的文化传播使者。出色的社会实践让他鹤立鸡群，他用自己的言行，为青年树立了榜样。

　　以一首唐代诗人刘禹锡的《秋词》赠之，"自古逢秋悲寂寥，我言秋日胜春朝。晴空一鹤排云上，便引诗情到碧霄"。希望他能只争朝夕，不负韶华，以梦为马，扬帆起航，身体健康，生活愉快，学业有成，事业有为！

（徐德锋　任顺利）

第五章　挖掘学习经验

2022年7月，影石创新科技股份有限公司（以下简称"影石创新"）科创板首次公开募股（IPO）审核状态更新为"提交注册"，这意味着影石创新距离科创板已近在咫尺。其项目——Insta 360全景相机为第二届中国国际"互联网+"大学生创新创业大赛亚军项目，影石创新即将成为中国国际"互联网+"大学生创新创业大赛举办以来第一家在科创板上市的公司。在公司的招股说明书里，清晰地写下了当时团队参加大学生创新创业大赛的记录。

所谓经验，即是从已发生的事件中获取的信息。任何人只要做一点有用的事，总会有一点报酬，这种报酬就是经验，是最有价值的东西，也是其他人抢不去的东西。成功者与失败者之间的区别，常在于成功者能由经验中获得益处，并以不同的方式再尝试。

研究生在开展创新创业实践的过程中，要善于吸收和总结经验，提高创新创业的成功概率，而想要有效地发掘创新创业经验，还需要处理好知识、技能与态度三者之间的关系。

挖掘记忆经验

什么是知识？知识就是已经被发现和证明的规律。知识是确定的，不需要你通过自身的成功、挫败去验证，然后恍然大悟。学习知识的方法相对简单直接：通过"记忆"，把知识分门别类地存放在你的头脑之中。

在大学里甚至整个学生生涯中，我们学的大部分都是知识，理学、工学、管理学、艺术学等都是学知识，检查知识掌握程度的方法就是做题和测验，检验对知识的记忆、理解程度。

对于研究生创新创业而言，一大特点在于研究生创新创业的项目专业性更强，与项目团队所学专业的联系性更强，很多项目来源于课题的转化、技术成果的产业化，所涉及的技术创新也与自身的研究方向相关，这也是近年来我国高校创新创业所倡导的趋势之一，即专创融合。

专创融合指的是专业教育与创新创业教育的有机融合。高校创新创业教育以大学为依托，不同于社会一般意义上的创业教育或创业培训。大学不仅是传授高等知识、研究高深学问、培养高素质人才的社会组织，同时也是知识密集型与技术密集型组织，这种组织对新知识和新技术要素的依赖远超过对其他生产要素的依赖。因此，高校创新创业教育要求培养的人重在"创新"，即实现在"创新"基础上的创业，而不是简简单单的"为了创业而创业"。

所以研究生创新创业要想做好，知识基础必须打牢，需要创业者们一直在学习、一直在提高、一直在不断地更新自己的知识，不学习就要被超越。

挖掘练习经验

比学习知识更重要的，是学习技能。

什么是技能？技能就是那些你以为你知道，但如果你没做过就永远不会真的知道的事情。骑自行车是技能，你永远学不会骑车，只能靠练习，甚至练到浑身瘀青之后，才能掌握这门技能。演讲是技能，读了100本教你如何演讲的书，但如果从不上台，还是一辈子都学不会演讲。在创新创业领域有非常多的技能，如沟通技能、谈判技能、演讲技能、管理技能，都需要通过不断学习、练习才能掌握。

掌握职业技能，对于研究生创新创业同样很重要。职业技能培训是提升劳动者就业创业能力、缓解结构性就业矛盾、促进扩大就业的重要举措。《"十四五"职业技能培训规划》已向社会公布，"十四五"时期，我国就业新增长点和新就业形态在不断发展变化中，迫切需要劳动者提升人力资本和专业技能。在这样的大背景下，创新创业技能型人才将会成为未来各大行业发展的重要力量。

挖掘感悟经验

最难学的是态度。什么是态度？态度就是你选择用来看待这个世界的那副眼镜。例如，你觉得这世界是友善的，还是充满恶意的？你觉得诚信的人是值得合作的聪明人，还是可以用来欺骗的傻瓜？你觉得商业利益是满足客户的顺带结果，还是认为满足客户是获得商业利益的一种手段？态度是没有人可以教的，态度是"心"做出的选择。

历史上，知识、技能达到极致的人很多，如丘吉尔、林肯，但是他们选择了完全不同的态度，于是对世界产生了完全不同的影响。

态度影响着创业项目的实施和发展方向，因此，我们创新性地提出了"红创"教学理念，即"红色文化"融入创新创业的教育新理念。在新形势下，深化高校创新创业教育改革是国家实施创新驱动发展战略的需要，高校教师应当重视"红色文化"的育人功能，将"红色基因"融入新时代青年血液中，将"红创"教学理念融入道德修养、适应能力、生存能力和职业能力等教育。我们已创立"红创"公益团，指导和帮助青年参与创新创业实践活动，积极实践高校科技成果技术转化落地，为青年提供创新创业平台，实践"红创"教学理念。团队组织编写了青年成长成才系列教材《大学生创新创业实践与案例》《青春的力量》《红星耀常大》等青年创新创业教材，系统性整理归纳了青年创新创业理论知识与实践案例，并通过讲座、沙龙、课程等方式培训了百余名青年，其中多数青年参与了中国国际"互联网+"大学生创新创业大赛等创新创业类比赛，深刻发掘了研究生的创新创业经验，推动了创新创业教育工作的扎实开展。

关于知识、技能、态度，还有几点需要注意。

第一，不要把知识当技能学。有一些"实战主义者"，只相信自己感悟的东西，"听了那么多道理，还是过不好这一生"，所以拒绝学习前人思考总结出来的客观规律，把知识当技能学，只能通过四处碰壁，总结出一些似是而非的经验。这就是"重新发明轮子"。你的顿悟，可能只是别人的基本功。只有站在前人的肩膀上，人类才能不断进步。

第二，不要把技能当知识学。有一些"理论主义者"，喜欢通过买书来学习，想学演讲，买本书来看看；想学谈判，买本书来看看；想知道怎么看书，也买本书来看看。你能买到的书，教的都是练习技能的步骤，而不是技能本身，这就是为什么我们说"纸上得来终觉浅，绝知此事要躬行"。

用脑学习知识，用手学习技能，用心学习态度，把经验学以致用，那么你用心相信的东西就一定会实现。

以赛促创，累积经验

高校学生常提出这样的问题：大学期间应该参加创新创业大赛吗？大学毕业时，怎样拥有领先于别人的能力和机会？

回答这些问题，我们首先要了解双创和大学生的关系。

双创是大众创业、万众创新的简称，出自2014年9月夏季达沃斯论坛上李克强总理的讲话，掀起"大众创业""草根创业"的新浪潮，形成"万众创新""人人创新"的新势态。在高等学校开展创新创业教育，积极鼓励高校学生自主创业，则被教育部称为教育系统深入学习实践科学发展观活动，服务于创新型国家建设的重大战略举措。

大学生接受创新创业教育的方式有很多种，如课程、讲座、活动、竞赛，其中最直接、最有效、最生动的方式，是参加大学生创新创业大赛，在竞赛中获得综合性成长。中国国际"互联网+"大学生创新创业大赛则是众多大学生创新创业大赛中级别最高、参与人数最多、影响力最广的一项国家级赛事。大赛由教育部与有关部委、省政府共同主办，分校级、省级、国家级三级赛事，每年举办一届。第七届大赛共有121个国家和地区的4347所院校、228万余个项目、956万余人次报名参赛，是一场顶级、宏大，却又人人触手可及的赛事。

创新创业大赛，是科技水平的展示台。

我们知道，科技创新水平是衡量一个创业项目的重要指标，所以，几乎所有参赛项目，都会花大工夫提升自己项目的科研水平，力图增加科技成果。如果你加入一个具备竞争力的项目团队之中，就必然需要参与到重大课题的研究中、参与到实验室做相关实验、参与技术专利的撰写与申请、参与学术论文的撰写和发表，而这些经历，往往是大部分学生在校阶段很难触及的机会。当然，创新创业大赛提供的只是机会，最终能取得怎样的成绩，依旧取决于你的努力。

创新创业大赛，是培养个人能力的"角斗场"。

我们从中国国际"互联网+"大赛的赛制来看这个问题。校级、省级、国家级三级赛事均采用的是"先网评商业计划书，晋级后再进行现场路演答辩"的考核方式，这是非常符合现代商业实践的。假设你有一个很不错的创业项目，需要有人投你一千万元，这个时候，你应该怎么做？

你需要将创业项目整理撰写成一本商业计划书，投递给投资人或投资机构。投资机构一天要收到一百本商业计划书，每天只有时间选择10个项目面谈（"先网评商业计划书"）。如果你的计划书有幸进入前十，你就能够拥有一个路演机会，给你10分钟时间路演（"晋级后再进行现场路演答辩"）。如果你的演讲能够获得投资人青睐，你就能够获得一千万元的投资（"获得国赛金奖"）。在创新创业大赛之中，评委给你打高分，就意味着他认为你的项目是一个值得投资的项目。也就是说，创新创业大赛的本质，是在赛场上展现你的创业项目或创业计划，并得到评委的认可，通过写和讲，来展现你的项目内容。

什么样的项目能打动投资人？我们在《大学生创新创业实践与案例》一书中总结了这几个共性：专业、优质、充实、准确。

专业，指的是能不能让人一眼就能看出你是行业高手，而不是刚涉猎的小白。计划书的排版是否美观、编排是否规范、行业用语是否合规、技术路线是否合理、商业逻辑是否通透，专业的人看内容，往往只需要一眼就能评估到对方所处的层级。

优质，指的是你的项目够不够强、技术够不够新、市场够不够大、产品服务够不够好、团队够不够硬。竞赛赛制的目的是遴选项目，优质永远是一个项目立足的根本。市场调研、技术创新、产品迭代、销量拓展，最终都是为了让你的项目更优质，也就是更具商业价值。

充实，指的是你的项目内容够不够饱满、支撑材料够不够充分、附件佐证够不够翔实。一个健壮的人和一个虚胖的人，同样是一眼就能够分辨的。对一件事情的评判在一定程度上取决于掌握相关信息量的多少，只有你让评委看到足够丰富和充足的信息，评委才能给出与你项目相匹配和贴切的分数。

准确，指的是你在书中用的每一个字、图、表、数，都是真实、精准且与项目密切相关的。用语或数字不准确，只会损失别人对你的尊重和信任。真诚和"靠谱"让事情变得简单，复杂和"套路"只会禁锢自己。

这四个共性其实就说明：最了不起的人和项目，都简洁而优雅。而这四个共性又需要融入你创业项目中的背景、市场、技术、产品、商业模式、财务、风险，每一个板块的文字、图、表、数，非常不容易。当做事能够具备这四个共性的时候，在你的工作和生活中，就懂得了如何把一件事做得天衣无缝。在大学期间参加创新创业大赛，就拥有了在二十来岁提早养成这种能力的机会。

创新创业大赛，是交流切磋的大平台。

中国国际"互联网+"大学生创新创业大赛在每年校级、省级、国家级三级赛事中都会配套举行丰富的创业活动,如"青年红色筑梦之旅"系列活动,被称为全国最大最有温度的一堂思政课。我们团队在 2019 年参与了江苏、黑龙江、四川、山东 4 个省份的"青年红色筑梦之旅"系列活动,参观了雨花台、威海、大庆油田等多个红色圣地,与来自全国各地的创业者朋友共同学习、交流,在众多投资人面前展示项目,与来自清华大学、浙江大学、厦门大学、武汉大学的创业团队同台竞技,是创业生涯中非常宝贵的经历。同时,各地高校也会组织一些行业展会、创业者论坛、天使下午茶等形式多样的创业活动。

创新创业大赛,是进入社会前的预演。

一、毕业后选择就业

岗位发掘获取能力增强。优质的简历、丰富的项目经历、不错的个人荣誉,都会是你投递简历和面试时的加分项。如今很多大型国有企业在校招时,已经将"大学期间是否参加大学生创新创业大赛"作为选项加入面试表之中。

岗位识别判断能力增强。通过几年双创实践的训练,对公司、商业运作已经有了更充分的理解,当面临众多招聘岗位时,你就能更清楚地识别这家公司的实力、潜力,分析岗位的发展前景和与你自己能力的匹配程度。

岗位匹配选择能力增强。企业求职的本质是要找到与发展需求相匹配的人力资源,你的个人能力越强越全面,能解决的企业需求越多,就越能胜任更多的岗位,拿到更高的薪资。

二、毕业后选择读博

国务院学位委员会、教育部发文《专业学位研究生教育发展方案(2020—2025)》中明确指出:支持有条件的高校在具备较高创新创业潜质的应届本科毕业生中,推荐免试(初试)招收专业学位研究生。

复试优势。在复试环节中,项目经验、参赛经历、奖项荣誉,会成为你接受考核与导师选择的重要考量指标。例如,《四川大学"中国'互联网+'大学生创新创业大赛"参赛管理办法》中提出,在中国国际"互联网+"大学生创新创业大赛全国赛中获得铜奖以上(含铜奖)的项目,其核心成员中的硕士研究生,在同等条件下,优先推荐免试攻读博士研究生。

如果你能带着自己的创业项目,找到与你创业方向、研究方向契合的研究生导师,那么你的博士生涯将会有一番截然不同的发展境遇。

三、毕业后选择出国留学

从目前一些创新创业大赛获奖成员出国留学的典型案例来看,创新创业经历和荣誉奖项都会给选择这条路的你带来极大的帮助。据《2021 中国国际"互联网+"大学生创新创业大赛项目成长力报告》显示,大赛自 2015 年启动以来,产生了巨大的社会影响,逐渐发展成为"全球最大最好的路演平台",被国内外媒体誉为惊艳非凡的全球双创盛会,第七届大赛共有 121 个国家和地区的 4347 所院校、228 万余个项目、956 万余人次报名参赛。

四、毕业后选择创业

学校、常州市层面到省级、国家级的政策,都给予了创业者极大的支持和帮助。例如,根据江苏省常州市十多个政府职能部门近百项创业扶持政策,常州市人力资源和社会保障局政策是三年可以获得高达三十多万元的创业扶持金(常州市政府文件《常州市"龙城青年大学生创业"三年行动计划(2022—2024 年)》)。

探索"红创"教学理念

创立"红创"公益团。依据新入学研究生的人生理想、发展目标和自身特点，与学生协商制订三年研究生人才培养方案，努力把学生锤炼成为社会的精英和国家的栋梁。结合团队研究方向，推进绿色创新技术在现代农业中的应用研究。

梦想从"红创"启航。我们团队通过将近十年的研究生创新人才培养教育实践探索，为学生搭建创新创业平台，已培养了30多名研究生，有多名研究生毕业后考取了上海交通大学、东南大学和中国药科大学等名校的博士研究生，大部分毕业生在江苏地区医药行业从事科研及技术产业化工作。与上海某大学团队联合培养研究生，每年选送一名最优秀的学生到合作单位进行联合培养，在合作研究中均取得良好的科技创新研究成果。开展"学习红色文化，激发创新动力"等教育学习活动，通过组织学生参观瞿秋白纪念馆、带领学生"走下网络、走出宿舍、走向操场"、组织团队学生与民盟支部老师共同学习党史活动等，用实际行动引领青年学生成长、成才，这些活动先后在中国民盟、江苏民盟等官方网站进行报道。

嘧啶水杨酸类除草剂是对稗草有特效的高效除草剂，嘧啶水杨酸类除草剂的主要特点是活性高、毒性低、杀草谱广、选择性高，对农作物安全，其生产技术均由国外企业垄断，生产技术存在反应过程复杂、合成收率低、生产成本高、环境污染严重等"卡脖子"技术产品问题，在我国并没有得到大面积应用。团队在推进高效除草剂绿色创新研究中做出了重要成绩，率先攻克了嘧啶水杨酸除草剂产业中的"卡脖子"技术问题，提出了从反应源头控制污染源，淘汰高危试剂和剧毒原料，成功解决了安全隐患和环境污染等"卡脖子"技术问题，实现了高效除草剂"绿色"创新技术产业化及核心产品国产化，打破了国际市场垄断，推动了我国农作物保护及杂草控制研究工作。经统计，团队带领学生共发表研究论文50余篇，申请专利40余个，团队获得了"中国发明创业成果奖"二等奖等省部级科技奖10多项；带领研究生积极参与中国国际"互联网+"大学生创新创业大赛、"挑战杯"中国大学生创业计划竞赛等国家级双创赛事及江苏省研究生"绿色化工"创新实践大赛，屡获佳绩。近期，团队研究生在"2021年江苏省研究生药学类学术创新论坛暨药学研究与转化前沿姑苏论坛"中取得多项优秀奖。团队积极通过产教融合实践平台，推进"绿色"创新技术成果转化，在科研教学实践中培养研究生的科技创新能力，为新时代培养研究生创新人才探索"红创"教学新理念。

（胡　航　龚　亮）

第六章　拓宽学生视野

　　华中科技大学创新研究院是华中科技大学组织的研究团队，作为学校培养多学科交叉优秀研究生的"特区"，其认真贯彻"育人为本，创新是魂，责任以行"的办学理念，始终牢记培养学生、培育创新的责任与使命，促进了科学研究与人才培养的有机结合。创新研究院通过开展以学科交叉项目研究为驱动的研究生教育，将优秀的导师、优秀的研究资源配置到优秀博士研究生的培养中，营造多学科交叉的创新环境、教育环境，探索优秀拔尖创新人才培养的新模式，努力培养一批学术视野宽广、综合能力强、富有创新创业精神的优秀拔尖科技人才。

　　研究生创新创业教育是以培育在校研究生的创业意识、创新精神、创新创业能力为主的教育，其教学的重心是学生，而不是讲课的教授，主要目的是使学生了解创新创业的法律法规和相关政策，激发学生创新创业热情，激活学生创新创业潜质，激励学生自主学习、主动创造。教师具有创造条件的权利，从而帮助学生学到更多的知识，提高创新创业成功率。

　　在创新创业教育实践中，部分高校出现了学风浮躁、功利化的现象。部分高校为了就业率，盲目鼓励研究生进行创业实践，不仅使学生在创业过程中屡屡受挫、消磨激情，也曲解了创新创业教育的本来意义。部分高校将创新创业课程设为必修课程，许多学生参与课程都只是为了修够学分、完成学业，并未真正理解创新创业精神。研究生的创新创业环境得不到改善，其创业理想自然也会受到影响。因此如何扩展研究生创新创业学习环境，激发研究生的创新意识和创业梦想，是一项非常艰巨而又系统的工程。

优化学制，拓宽视野

　　弹性学制为研究生创新创业提供保障。弹性学制是学校为了满足学生在不同的情况下能完成同一目标的学业要求而采取的一种灵活的教学管理制度，是能突出研究生创新能力、实践能力、创业精神培养的新机制，主要内容是以学分制为核心，对学生的学习年限实行弹性管理。实行弹性学制的学校将研究生所学专业的相关课程科目列出"清单"，学生按自己的兴趣选课，将学习的主动权交给研究生，建立开放式培养体系，这给导师和研究生提供了更大的学术空间、更多的时间及更灵活的科研计划。

　　制度是创新创业能否持续的关键。目前，我国很多高校已借鉴牛津大学、剑桥大学等欧洲名校的做法进行试点，对研究生培养采取弹性学制，由此为研究生创新创业提供制度保障，研究生可在经过批准的规定时间内暂时停学，或提前修满学分提前走出校门，从事或承担科技创新创业活动或相关工作。随着时代的进步，社会需要研究型、复合型人才，特别是优秀的技术型管理人才，因此，研究生创新创业能力的培养已成为高校教育改革的重要课题，这就要求研究生主管部门与时俱进，制订适合研究生创新创业的培养方案。研究生培养方案一方面应当注重"文、理"兼修，开设足够的选修课程，把学科最前沿的信息搬到讲台上，满足研究生个性发展的需要，从而为研究生创新创业打下坚实、广博的理论基础；另一方面，学制长短与教育质量好坏并不能画等号，关键在于学校要在保证教育质量的前提下，根据人才培养的目标，设计出更优化的教学方案，让学生能灵活选择适合自己的教育形式。对研究生中的"冒尖"人才应实行个性化培养，允许"冒尖"人才脱颖而出，高校可按照研究生总人数的比例，确定少数个性突出、在某一方面有专长、有特殊才能的研究生，因人而异地制订富有特色和个性的个人培养计划；把"创新创业教育"作为贯穿研究生培养的主线,探索教学改革的新思路,并围绕"创新创业"主题,开展一系列教学改革实践活动,使研究生在学期间可以一边学习一边尝试项目开发;支持研究生承担开发难度高、具有开创性、失败概率大的风险性课题,根据课题需要可与兄弟高校或与国外大学进行合作研究,由此锻炼研究生承担风险的能力,培养敢于创新的能力及准确寻找今后的研究方向。

拓展学科素养

交叉学科为研究生创新创业注入"催化剂"。学科建设是高校教育改革和发展的核心,高校不仅要重视传统优势学科建设,凝练国际一流的特色学科,更应促进学科之间的相互渗透,探索新时代研究生教改思路,围绕"创新创业"主题进行教改实践,注重加强教学内容的知识性、针对性、实效性及教学形式上的互动性和实践性,发展交叉学科,培育新的学科增长点,为研究生创新创业注入"催化剂"。

第一,研究生从事交叉学科领域的研究,可以突破本学科领域固有的思维模式,易于触发灵感,往往会产生"他山之石,可以攻玉"的效果,使理想创造性变成现实。

第二,交叉学科领域的研究可以使研究生从新的视角和新的层面上去观察、分析和探究事物的内在规律性,揭开认识对象本身所具有的多样性和复杂性的神秘面纱,使思路得以开阔和发散,从而摆脱固定思维模式的束缚,实现思维方式的创新。

第三,唯物辩证法认为,人们对客观事物的认识,总是从低级向高级,从片面向全面发展。交叉学科领域的研究为研究生的认识从片面向全面,由低级向高级的发展打下了认识论基础,使其思维方式无论在深度和广度上都得到了拓展,为科研创新奠定了坚实的基础。

学科建设新特点。学科建设主要是以培养人为目的的一种社会、科技实践活动,通过育人对社会、科技和经济产生影响和作用。21世纪以来,各学科之间相互渗透,已呈现出分化而又高度综合的趋势,传统学科之间相互渗透,不仅为传统学科自身的进一步发展提供了机遇,同时也孕育出了许多新的学科,为产生新的思想及新的成果提供了"沃土"。

拓展双创空间

创新是一个民族进步的灵魂,是国家兴旺发达的不竭动力。当今,科技经济竞争日益激烈,为了推动研究生创新创业的快速发展,高校应采取一系列相关措施,优化研究生创新创业培养环境。

构建创新创业课程体系。根据创新与产业演化的关系,创新可以分为结构性创新、空缺性创新、渐进性创新和颠覆性创新。创业主要指创立或组建任何类型的新企业。创新创业过程中会涉及机会识别、资源整合、团队管理、市场分析、产权维护等诸多内容,多数在校就读的研究生并没有市场经验和项目运营经验,如果没有学习相关专业知识,很难顺利开展创新创业工作。2015年12月,教育部印发了《关于做好2016届全国普通高等学校毕业生就业创业工作的通知》(教学〔2015〕12号),该文件要求从2016年起,高等院校都要设置创新创业教育课程,对全体学生开设创新创业教育必修课和选修课,并纳入学分管理。高校开展创新创业教育有利于打好学生创新创业知识基础,引导研究生群体把握时机进行创新创业。李姗霖等在遵循创业规律和学科差异性的基础上,将研究生创新创业教育课程体系划分为四大核心板块:创新创业精神培养、创业机会识别、新企业组建、企业组织与管理。清华大学的创新创业课程体系包括创新研究、创业研究、创新方法等通识课程,也包括创业实验室、创办新企业、创业机会识别与商业计划等技能课程。清华大学深圳研究生院则在立足地域特色和办学特色的基础上构建了"金字塔式"的课程体系。湖南大学除大力推进双创型师资队伍建设外,还十分注重利用信息技术资源,形成线上、线下相结合的研究生创新创业培养体系,取得了一定的成效。上海理工大学在"一校八院所"的改革实践中，建立了"实践导向"的创新创业课程体系，增设了"企业技术创新实践"课程，增加了实践类学分，尤其重视理论与实践的结合。因此，在创新创业教育课程体系的构建中，应遵循创新创业的一般规律，结合办学特色、学生特点和市场需求，将创新创业教育融入专业课程和社会实践，提升学生的创新创业能力。

开展创新创业实践活动。为给研究生群体提供实践锻炼的平台，激发研究生的创新创业热情，高校开展了丰富的实践活动。常见的创新创业实践活动主要是参加竞赛，创新创业竞赛可以将研究生的科研能力与解决实际问题的能力有效结合起来，全国性的赛事包括"挑战杯"大学生创业计划大赛、中国国际"互联网+"大学生创新创业大赛、"创青春"全国大学生创业大赛等。除此之外，一些地方性的研究生创新创业赛事也值得参加。

营造良好的校园文化氛围。高校校园文化包括物质文化、精神文化、制度文化和行为文化，营造良好的创新创业文化氛围可以从物质基础、文化建设、制度保障和行为方式着手。校园物质文化建设应努力做到校园建筑设置统一协调、和谐有序，并与学校创新创业文化相结合。精神文化是校园文化的灵魂，体现了高校的本质特点和精神面貌，要将创新创业教育融入校风建设和学风建设，在教学活动中充分发挥学生主动性，尊重学生创造力。校园制度建设要坚持以人为本，站在学生的角度制订规章制度和管理条例，建立完善的帮扶制度和激励制度。行为文化涉及面广，包括开展丰富多彩的创新创业实践活动、社团活动，其有助于学生的创新创业精神培养。因此，高校的校园文化氛围对学生创新创业精神的培养发挥着重要作用，高校应结合自身特点，"因时制宜""因地制宜"地将创新创业理念融入校园文化建设，形成和谐、生动的创新创业文化氛围，从而有利于激发学生的学习兴趣和创新动力，培养学生创新创业精神，坚定学生创新创业信念。

成立研究生创新创业指导中心。研究生创新创业指导中心是为广大教师和研究生创新创业提供科技信息服务的机构，是学校研究生德育教育的重要阵地，是高校、研究生、社会商家三方交流的信息平台。它对内能组织承办各类研究生创新创业讲座、竞赛，营造校园创业氛围；对外可通过研究生挂职锻炼等途径，广泛争取各种社会资源，承接各种适合研究生的科研项目等。成立研究生创新创业指导中心的主要目的：一是创业指导，中心可组织专家、学者对研究生创业项目进行可行性分析，协助搞好市场调查，千方百计地帮助研究生降低创业风险；二是搭建与政府对话的平台，中心应是研究生与政府对话的代言人，争取政府对创新创业政策的优惠，如争取研究生创业初期免税政策等；三是搭建研究生与企业合作平台，中心要适时组织研究生项目招商引资洽谈会，吸收社会投资，资助研究生创业；四是开设创新创业培训班，充分利用学校资源，组织有关部门在课余时间开设研究生创新创业管理等培训班，培训结束后学校可为研究生颁发证书，或承认学分等。这些不但能为研究生自主创业提供理论指导，更能为研究生创新创业加固平台，如 2005 年 4 月，重庆大学挂牌的科慧研究生创新园，就是为研究生"孵化企业项目，转化科研成果，培养创业人才"的中心，该园已经连续三年受到国务院的教育资助，目前已有 200 余家企业入园。中南大学党委研究生工作部和培养办于 2003 年 6 月共同开发了中国研究生创新园网站，这是全国首家以研究生为主要服务对象，以启迪研究生的创新素质与创新能力为主要目标，兼具研究生德育工作与综合素质培养的阵地，其宗旨是服务研究生，培养创新者。该网站于 2003 年 12 月、2004 年 6 月和 2005 年 6 月先后进行了 3 次全面改版，致力于了解、解决研究生的实际需要。目前网站共建有 9 大板块、57 个子栏目、100 多个三级栏目、20 000 多个页面，内容涉及研究生学习、生活、就业、情感、娱乐等各个方面，包括创新田园、学术之窗、就业深造、生活娱乐、德育园地、文献汇编、心灵小憩、挑战英语、创新论坛，目前日均点击率达到 12 000 人次以上，真正成为研究生创新创业的良师益友和发展前进的"桥梁"。

设立研究生创新创业基金。为了加强研究生创新创业意识和能力的培养，鼓励在校研究生积极参加各种创新和创业活动，引导研究生选择创新性强且富有挑战性的基础研究和应用研究，高校研究生主管部门要专门为在校的硕士、博士生设立创新创业基金。基金主要来源于学校拨款和企事业单位及个人的资助，用于资助或奖励研究生优秀学位论文、研究生创新创业项目。它可分为两部分：一是资助研究生学位论文创新选题或风险选题的基金，研究生的创新创业论文选题、项目选题必须为高新科技，还要具有较好的市场前景，对创新性强且可行性大的选题或风险较大的项目提供经费资助，鼓励研究生标新立异，勇于探索，使研究生的学位论文，特别是博士生的学位论文、项目选题能够处于学科前沿等；二是研究生创业专项基金，主要用于创业"种子"的资助，专项资助市场前景好、技术含量高、创新性较强的创业项目，鼓励在校研究生创新创业。学校可以资金形式入股企业，参与企业的经营管理，也可以为研究生提供部分贴息风险贷款等。中国石油大学早在2003年就首期投入30万元基金，资助博士论文和创新项目，获得资助的研究生将会得到3000～20 000元的资助基金支持，大大激发了研究生的创新创业意识和创业精神。

建立研究生创新创业实践基地。研究生创新创业实践能力是研究生培养质量的重要体现。研究生创新创业实践基地的建立是探索以创业带动学业、以学业推动创业的研究生培养新模式，它着力于创造良好的环境和学术氛围，体现树立创新人才的培养理念、管理模式和运行机制，有利于改变"高学历低能力"现象，有利于把研究生的培养推向学术研究和市场竞争的前台。随着研究生招生规模的扩大，学校无论是硬件还是软件资源都出现了不同程度的紧缺，因此高校联合企业，吸纳社会优势资源已成为大势所趋。

高校与企业的联合创新创业形式主要有以下两点。

第一，建立校企联合实验室、校企联合实践基地。学校在有条件的科研单位或企业建立一批产、学、研基地，这不但可以为研究生提供一流的实验条件、前沿研究信息、研究课题和创新实践条件，还能为研究生提供就业机会，缓解研究生就业压力，而且也可以为企业解决技术难题，促进技术创新，真正达到校企双赢的目的。

第二，研究生合资自创公司。让研究生有明确的研究方向和攻关目标，这样就能把人才的培养置于学校和企业两种完全不同的环境下协调进行，使研究生于在学期间介入公司重大课题研究，直接参与市场竞争，感受企业氛围，并有利于缩短学生从"学校人"到"社会人"的时间。南昌大学20位研究生组建创业公司，创新研究生培养模式，就是表率。江西省硕威信息科技有限公司是江西省第一个由在学研究生以股份制形式创办的公司，专门从事计算机软件开发、网页设计等，也是南昌大学创新研究生培养模式和培养机制的有效载体，它既有利于研究生在实践中不断检验自己的研究成果，促进研究本身的完善，也有利于培养研究生的科技创新能力、成果转化能力、企业管理能力和市场竞争能力。北京工业大学研究生工程实训平台暨研究生创新实践基地成立于2005年，经过10多年的建设，目前已拥有2000多平方米的校内研究生创新实践基地，该基地定期开展工程训练、学术交流、项目研发、素质拓展等活动，产、学、研协同合作，为学生提供创新创业资源。重庆大学研究生创新实践基地从2003年建立到现在，已逐渐形成自身独特的运行模式，为理工科学生和人文社科学生提供了对应的扶助，影响力正在逐渐扩大。

除此之外，高校创业园、科技园、实训基地、省市级创业孵化中心也在蓬勃发展中。尽管如此，研究生群体仍然面临着创新创业实践活动太少、实践资源不足等问题。因此，充分发挥竞赛的激励作用，以项目推动创新，加快建设创新创业实践平台是扩展研究生创新创业人才培养环境的重要措施。

拓宽学生视野，提高实践能力

研究生更需要提高创新创业能力。国内各地政府、各大高校和社会组织也越来越重视高校研究生的创业活动，开始探索并挖掘研究生的创业潜能。在国内政策、社会和高校的合力推动下，目前政府和高校相继推出了一系列政策来扶持大学生创业工作。日益兴起的高层次人才的自主创业活动，在解决自身就业问题的同时，还能创造一定数量的工作岗位，带动更多的人就业，从而在一定程度上缓解目前毕业生的就业压力，拓宽就业渠道。研究生创业有着其特殊的价值，也面临着不同的问题和挑战，企业、政府和社会各界应对研究生创业提供相应支持。研究生作为高端人才，如能一展所长，人尽其才，无疑有助于国家和社会的进步，有助于产业和地区的均衡发展，有助于实现企业的科技创新和国际竞争力的提高。所以，在创业方面，可通过建立创业基金、创业园区等形式为研究生创业提供支持，园区内应实行注册资本、税收、银行贷款方面的优惠政策，提供技术转化为生产的全方位支持。

总之，对于如何提高研究生创新创业能力，引导研究生积极创业，促进科技成果转化还有很长的路要走，需要与时俱进，积极探索，勇于创新，不断扩展研究生创新创业学习的制度环境、学科环境、培养环境和社会环境。在双创和产、学、研协同合作的大背景下，高校要充分利用多方合作关系，为研究生创新创业争取更多资源、获得更多支持、提供更多帮助、搭建更多平台，让研究生群体在实践中提升创新创业能力，实现研究生创新创业事业的腾飞。

（胡　航　龚　亮）

第七章　理想信念与创新精神

青春，意味着无限可能，蕴含着创新创造伟力。在《新时代的中国青年》白皮书中有这样一组数据：北斗卫星团队核心人员平均年龄36岁，量子科学团队平均年龄35岁，中国天眼FAST研发团队平均年龄仅30岁……一大批有志青年挑大梁、担重任，生动展现了新时代中国青年奋发进取的精神风貌。

理想信念是人类特有的精神现象，是人们心灵世界的核心，是人精神上的"钙"。没有理想信念，理想信念不坚定，精神上就会"缺钙"，就会得"软骨病"。一个人精神上"缺钙"，就容易出现精神空虚，这种人或是浑浑噩噩、虚度光阴，或是唯利是图、狭隘自私，最终只能是人格低下，既不可能感受精神生活的丰满充实，更不可能承担时代所赋予的历史重任。追求远大理想，坚定崇高信念，是当代青年健康成长、成就事业、开创未来的精神支柱和前进动力。

创新精神是一种勇于抛弃旧思想、旧事物，创立新思想、新事物的精神。中国传统文化价值观中蕴涵着丰富的创新精神与思想内涵，其本质是求新求变。"苟日新，日日新，又日新"说的是求新；"穷则变，变则通，通则久"说的是求变。创新精神是人们对创新活动所持有的价值理念，是求新求变的必然选择。在学习中坚持创新精神，才能有所突破，有所成就。

目前我国正处于急剧变革的转型时期，社会变化节奏加快，利益关系调整频繁，社会矛盾增多，各种社会思潮不断涌现。新时代青年的理想信念和人生追求出现了一系列变化，总体来说，新时代青年的主体意识不断增强，能够积极弘扬时代主旋律，传播社会正能量，其道德水平也在不断提升。然而，随着互联网的不断普及和信息技术的飞速发展，各种思潮互相激荡、各种文化相互交融、各种观念相互碰撞，某些消极的思想及行为方式正在不断地侵蚀着青年的理想信念。

青年是祖国的未来、民族的希望；青年是整个社会力量中最积极、最有生气的力量。党和国家对青年高度重视，始终坚持把青年作为党和国家事业发展的生力军。2017年8月15日，习近平总书记给参加第三届中国国际"互联网+"大学生创新创业大赛"青年红色筑梦之旅"的大学生回信，深切勉励青年学生扎根中国大地，了解国情民情，在创新创业中增长智慧才干，在艰苦奋斗中锤炼意志品质，用青春书写无愧于时代、无愧于历史的华彩篇章。

一个人在前进的道路上锐意进取、勇于创新，需要有坚定不移的理想信念；一个国家能够发展进步，是靠无数有着坚定理想信念的人的不懈努力来实现的。研究生是我国国民高等教育的最高层次，培养造就大批德才兼备的高层次人才，是我国经济社会转型发展的客观要求。通过研究生阶段的学习，可以丰富专业知识结构，提高科研创新能力，增强创新意识，使理想信念和创新精神融入研究生的成长过程中。

坚定理想信念，勇于创新创造

清华大学图书馆老馆大厅北壁上，嵌着一面白底金字的大理石纪念碑，碑上刻有这样的诗句：他是清华最有光荣的儿子，他是清华最早的共产党员，他为解放事业贡献了生命，施滉的革命精神永垂不朽！

施滉是一位伟大的共产主义战士，也是清华留美学生中最早的一批共产党员。1919年，正在清华求学的他参加了五四爱国运动，随后与学校的进步青年们一起组织了"唯真学会"，提出"政治救国"的主张，决心通过政治途径改良中国社会。

坚定理想信念、积极探索、追求真理、言行一致、勇于实践，是施滉为人的特点，他以青年的热血与生命，用短暂而辉煌的一生，践行着"真理所在，即趋附之"的誓言。

中国共产党历经百年依然风华正茂、朝气蓬勃，领导中国人民战胜了一个又一个艰难险阻，取得了一个又一个伟大胜利，这正是因为有对马克思主义的坚定信仰，对社会主义和共产主义的坚定信念。理想信念决定着青春的成色与分量，是青年干事创业和安身立命的力量之源。理想信念的动摇是最危险的动摇，青年只有拥有坚定的理想信念，才能绽放出更加靓丽的青春之我，成就更加出彩的奋斗人生。

当代青年要做坚定的马克思主义者，从中国共产党百年奋斗的伟大实践中体悟马克思主义的强大生命力和马克思主义中国化成果的磅礴力量，特别是学懂、弄通、悟透中国共产党为什么"能"、马克思主义为什么"行"、中国特色社会主义为什么"好"的内在逻辑，筑牢信仰之基、把稳信念之舵，做坚定的青年马克思主义者。青年人还要在知行合一中坚定对中国特色社会主义的信念。

理想信念是青年成长、成才道路上的灯塔。理想指引人生方向，信念决定事业成败，没有理想信念就会迷失方向、丧失斗志。中国梦是全国各族人民的共同理想，也是青年一代应该牢固树立的远大理想。树立远大的理想信念，用远大理想信念感召行动，对于缺乏社会经验、涉世未深的当代青年，只有在多元文化和各种思潮的侵袭面前能保持清醒的头脑，明辨是非，抵住诱惑，才能不迷失成长、成才的方向。

当代青年的理想信念和初心使命就是要坚定不移地走社会主义道路。对于身处成长关键时期的研究生来说，在学业导师给予的引导和栽培之外，同样需要用心打磨自己，大力弘扬"红色文化"，赓续红色血脉，自觉承担起举旗帜、聚民心、育新人、兴文化、展形象的使命任务，真正做到"把红色资源利用好、把红色传统发扬好、把红色基因传承好"；引领青年勤于实践、勇于创新、甘于奉献，用习近平新时代中国特色社会主义思想铸魂育人，厚植爱国主义情怀，把爱国情、强国志、报国行自觉融入中国特色社会主义新时代的发展格局，沿着中国特色社会主义道路，积极投身国家建设的伟大事业。

弘扬社会主义核心价值观，做时代新青年

社会主义核心价值观是引领青年学生成长、成才的根本方针，是兴国之魂，决定着中国特色社会主义的发展方向。"富强、民主、文明、和谐，自由、平等、公正、法治，爱国、敬业、诚信、友善"是我国社会主义现代化国家的建设目标，也是从价值目标层面对社会主义核心价值观基本理念的凝练，实现了价值目标、价值取向和价值准则的统一，体现着广大人民的利益诉求和价值追求，为实现中华民族伟大复兴的中国梦提供了科学的行动指导，汇聚成强大的精神力量。

"年轻人学习总有个目的。我是上海交大的学生，那时交大的毕业生都有铁道部分配工作，所以都是有饭吃的。但是，我们学习并不是只为了有饭吃，我们学习的目的是为了建设祖国，振兴中华。"这是钱学森晚年回忆起大学时光时写下的一段话。

1929年，钱学森怀揣着科学报国的理想，考入国立交通大学（上海交通大学等大学的前身）机械工程系，攻读铁道机械专业。在大学学习期间，钱学森第一次接触到科学社会主义思潮，加入了中国共产党的外围组织，并自此树立了远大志向，走上了航空救国之路。

1934年，钱学森以优异的成绩毕业，并考取了清华大学留美预备生。1935年8月，钱学森作为一名公费留学生赴美国学习，研究航空工程和空气动力学，曾担任加利福尼亚理工学院超音速实验室主任和古根军喷气推进研究中心主任，由于发表了"时速为一万公里的火箭已成为可能"

的惊人火箭理论而誉满全球。

五年归国路，十年两弹成。钱学森是杰出的科学家，是中国航天事业奠基人，他将爱国之心、报国之志、效国之行、强国之情，融入党和国家交给他的伟大事业之中，引领中国航天人走出了一条独立自主的技术创新和发展之路，向祖国和人民递交了一份爱国科学家的时代答卷。

当代青年正处于世界观、人生观、价值观形成的关键时期，青年的价值取向决定了未来整个社会的价值取向，青年追求理想的高度决定着中华民族未来发展的高度，青年的精神状态决定着未来中国的现代化品质。赢得青年就赢得未来，研究生教育弘扬社会主义核心价值观，加强青年学生的党性教育，引领当代青年在创新创业的浪潮中坚定自我，实现人生价值。

青年是走在时代前列的奋进者、开拓者、奉献者，应自觉践行社会主义核心价值观，严格要求自己的言行举止，加强自己的道德素养和爱国意识，积极参加力所能及的社会创新实践活动。培养当代青年的社会主义核心价值观是社会发展的需要，也是国家培养人才的战略方针。青年树立正确的社会主义核心价值观，对于自身的发展具有巨大的帮助。树立好、践行好社会主义核心价值观，更是当代青年作为社会人才必须具备的要求。

锤炼高尚品德，做有德青年

一个社会的公共道德水平，可以折射出一个国家的文明程度。青年是引风气之先的社会力量，因此应把修身养德放在更加突出的位置，始终保持积极进取的人生态度和奋斗精神，自觉践行先进的道德风尚，以实际行动促进社会公平正义与和谐进步。

"中国核潜艇之父"中国工程院院士黄旭华曾经说过："若有人问我们如何评价这一生，我们会说，此生没有虚度，我们的这一生都奉献给国家、奉献给核潜艇事业，我们仅用不到10年的时间就实现了毛主席'一万年也要造出核潜艇'的誓言，我们此生无悔！"

爱国从来不是一句空话，不仅要在动荡喧嚣的时代始终保持内心的平静和坚持的韧劲，更重要的是，要随时做好奉献的准备，这是黄旭华院士给我们最大的启示。作为当代青年更应具有随时献身报效祖国的基本觉悟，时代需要新青年，需要新青年追随数以万计先辈奉献的脚步，潜心钻研、锐意进取，为中国的伟大复兴贡献力量！

当代青年要加强自身道德修养，锤炼高尚品格；善于向品格高尚的人学习，善于吸收传统文化中的真善美，并坚持求真向善；要明大德、守公德、严私德，把正确的道德认知、自觉的道德养成、积极的道德实践紧密结合起来，不断修身立德，打牢道德根基；养成积极乐观的人生态度，健康向上的生活情趣，良好的思想道德品质，并将其贯穿到青春奋斗历程中，贯穿到为人处世中，努力成为一个品格高尚的人、一个脱离低级趣味的人；自觉树立和践行社会主义核心价值观，带头倡导良好社会风气。

新青年要有新气象。当代青年本应朝气蓬勃，满怀青春理想，对实现人生价值充满信心，但是，现在越来越多的新青年视野不宽、不思进取、浮躁消极。在这种环境下，当代青年要自觉地锤炼高尚品格，耐得住寂寞，受得了苦难，经得起考验，始终保持积极向上的人生态度、良好的道德品质和健康奋进的青春斗志，在千磨万击中历练人生。艰苦的环境锻炼人，舒适的生活也考验人。

锤炼高尚品格，走在时代前面，在新的历史条件下继承、发扬中华民族传统美德。当代青年应从小事做起，从自我做起，勇做走在时代前列的奋进者、开拓者、奉献者，毫不畏惧地面对一切艰难险阻，在劈波斩浪中开拓前进；在为家庭谋幸福、为他人送温暖、为社会做贡献、为民族图腾飞的过程中，提高自身的精神境界和政治素养，健全人格品质，在实现中国梦的社会实践中放飞青春梦想，在为人民利益的不懈奋斗中书写人生华章！

唯有勤奋学习，才能扬帆远航

学习是一切进步的先导，是求新求变的起点，是创业创造的前提。学习可以增智长才、厚德明志。正所谓"玉不琢，不成器；人不学，不知义"，研究生正处于学习的黄金时期，要切实把学习作为在校期间乃至一辈子的主业，树立理想从学习开始、事业靠本领实现的观念；突破传统理念，积极开拓创新；只争朝夕，学习知识，让青春在学习中绽放璀璨光芒。

踏实和勤奋，是屠呦呦从小就养成的品质。学生时代的屠呦呦因为踏实和勤奋，学习成绩一直名列前茅。25岁那年，她以优异成绩从北京医学院（现北京大学医学部）药学系毕业，被分配到卫生部直属的中医研究院（现中国中医科学院）工作。从此，她埋头从事中药和中西药结合研究多年。刚参加工作的时候，研究院条件艰苦，设备简陋，只有用于"土法"提炼的七口大缸和几间平房，但是，屠呦呦从不抱怨，一心扑在工作上。那时，她身患疾病，仍然坚持去野外采集标本，认真实验，从不耽误。屠呦呦就是用踏实与勤奋，为自己赢得了成功。

坚持不懈的学习是时代需要。当今世界，科技进步日新月异，知识更新不断加快，新情况、新问题层出不穷，我们不抓紧学习、抓好学习就很难完成肩负的责任和使命，就会落伍于时代。勤奋学习，努力提高自身素质，对研究生来说，显得尤为迫切和重要，只有不断地勤奋学习，方能适应社会发展的需要，跟上时代的步伐，把握时代的脉搏。学习不仅是时代的要求，也是我们自身发展的需要，我们在成长之路上，总会有许多困惑、许多烦恼、许多选择，当面临人生困惑的时候，只有用学习去启迪智慧、找寻答案，才能避免陷入少知而迷、不知而盲、无知而乱的困境。

作为一名研究生，我们要时刻严格要求自己，努力学习，刻苦钻研，学好真本事，不断丰富自己，为将来更好的服务社会作好准备。我们还要坚持学以致用，深入基层、深入群众，在社会主义现代化建设的大熔炉中，在社会这个大学校里，掌握真才实学，努力成为堪当民族复兴大任的时代新人。

我们要胸怀使命去学习，把学习放到一个更高的层次上来认识，以一个更远大的目标来激励自己；要通过学习，用自己的智慧和才能，为中华民族伟大复兴作出无愧于时代的贡献；只有不断学习、不断实践、不断创新，厚积知识、丰富学识、增长见识，才能扬帆远航。

学习贵在勤奋、贵在钻研、贵在有恒。研究生学习阶段，有导师指导，有同学切磋，有浩瀚的书籍引路，可以心无旁骛地求知问学。此时不努力，更待何时？因此，青年学生要勤于学习、敏于求知，注重把所学知识内化于心，形成自己的见解，既要专攻博览，又要关心国家、关心人民、关心世界，学会担当社会责任。大学是青年学生系统形成知识体系的文化殿堂，对青年学生开展知识教育，就是要引导青年学生静心学习、刻苦钻研、加强磨炼、求得真学问、练就真本领。

强健体魄，焕发青春力量

健康是全人类的共同追求。于个人而言，身心健康是革命的本钱，它关乎生命的价值和人生的意义；于国家和民族而言，青年拥有健康的体魄，民族就有兴旺的源泉，国家就有强盛的根基。

身心健康是青年成长、成才的基础性条件。个人的身心健康水平不仅关系着个人的生存与发展，而且反映着一个国家人民整体的身心素质，关系到整个国家和民族的生存与发展。对于研究生来说，积极加强体育锻炼，不仅能够打下一个良好的身体基础，在锻炼中享受乐趣、增强体质、健全人格，而且能够磨炼自己的意志，激发成长、成才的潜能。

随着北京冬奥会所激发的冰雪运动热潮，青年"带动三亿人参与冰雪运动"；随着体教融合、体卫融合不断深入，青年成为竞技体育、群众体育快速发展的强大后备军。在北京冬奥会上，我国代表团运动员平均年龄为25.2岁，其中1/4为"00后"，以苏翊鸣等为代表的新一代年轻运动员跃上冰雪运动"舞台"，组成一个洋溢着青春气息的体育代表团，在冬奥会赛场取得了优异成绩，向世界展现了中国运动员的青春风采，成为冰雪之上的一抹亮色，他们有为国争光的荣耀、有耀眼的成绩，更有永不放弃的拼搏精神和超越自我的不懈追求。

中国青年运动员在冬奥会赛场上的优异表现，展示着中国青年的奋斗姿态和力量。青年强则中国强，国运兴则体育兴。青春梦、体育梦，都连着中国梦。

体育运动是一种挑战，挑战自我，挑战极限，在挑战当中，在惊险当中，创造美，证明人类的力量，为国争光。竞技体育带动群众性体育，体育运动不断增强着全民的体质与健康，塑造并向世界展示着更加健康、更加自信、精气神更加饱满的新时代中国人形象。

竞技体育同样引导着研究生积极弘扬奥林匹克精神，参与体育健身运动，强健体魄、砥砺意志，凝聚和焕发青春力量，为中华民族伟大复兴作出应有贡献。

创新创业，激发青春活力

青年始终是社会中最富有活力和创造力的群体，因此要保持青年人勇于创新的勇气、敢为人先的锐气，初生牛犊不怕虎、越是艰险越向前的闯劲，勇当创新先锋、创新尖兵。党和人民事业的发展离不开一代又一代有志青年的拼搏奉献，新时代青年就是要立于时代潮头，勇于承担时代责任，锐意创新、开拓进取，认真学习，提升政治素养，丰富专业知识，提高专业能力，增强专业本领，敢于到前沿领域创新创造，实现新突破，取得新成果，以创新创造成果为社会服务，让创造力永不枯竭。

北京大学创业训练营（简称北创营），一所没有围墙的创新创业大学，打着深深的北大烙印，从成立之初，就抱定一个宗旨——培养具有创新精神的新一代青年。北创营成立于2012年，是由北京大学校友会牵头，协调学校15个相关部门院系联合发起的"北京大学创新创业扶持计划"，该计划充分依托北京大学教育资源、研究资源和校友资源，建立"创业教育、创业研究、创业孵化、创投基金"四位一体的综合创业扶持平台，其中，北京大学创业训练营作为计划的核心环节，旨在培养和扶持中国优秀创业青年，发现转化优秀科技成果，提升创新创业软环境及平台服务能力。

党的二十大胜利闭幕，第二个百年奋斗目标的宏大画卷已经徐徐铺开，我国青年的人生选择需要与中华民族伟大复兴的中国梦紧密结合起来。激发青春的创新能力和创造能力，认真践行"请党放心，强国有我"的青春誓言，在实现中华民族伟大复兴的时代洪流中踔厉奋发、勇毅前进，新时代青年一定能以青春之我创造更加美好的中国。

全社会都要重视和支持青年创新创业，为其提供更有利的条件，搭建更广阔的舞台。推动创新创业教育高质量发展，需要搭建开放协同平台，鼓励多方参与，吸引社会资源和国外优质教育资源参与创新创业人才培养。

中国国际"互联网+"大学生创新创业大赛，为大学生实现创新创业梦想打开了"一扇窗"，以赛促学、以赛促教、以赛促创，汇聚起源源不断的创新动能，为青年学子播下了创新的种子。

习近平总书记给"青年红色筑梦之旅"大学生的回信，进一步点燃了大学生的青春梦想。创业需要温度和情怀，"青年红色筑梦之旅"推动了创新创业教育与思想政治教育的融合，助力了创新创业实践与乡村振兴战略、精准扶贫与脱贫的结合，为广大青年学生上了一堂堂有温度的思想政治课、有深度的国情民意课。

投身社会实践，实现青春价值

党和国家历来十分重视社会实践教育，只有将理论知识转化为实践，在工作中不怕苦、不怕累，艰苦奋斗、顽强拼搏、攻坚克难，主动投身到社会实践，从实践中追寻事物向前发展的原因，找出发展的规律和道理，在进一步的实践中总结和检验这些规律与道理，并回归应用到指导实践生活中去，才能获得成长、成才的进步。

社会实践是科学理论、创新思维的"源泉"，是检验真理的"试金石"，是青年成长的必修课，是青年练就过硬本领的"大熔炉"，是青年了解社会现状的重要途径。社会实践对于青年学生来说，是一笔宝贵的财富，青年不再是"象牙塔里不能承受风吹雨打的花朵"，通过社会实践的磨炼，他们不仅提升了思想引领和理论创新能力，还拓宽了视野和提高了思辨能力。

2022年暑期，常州大学开展了以"喜迎二十大 永远跟党走 奋进新征程"为主题的暑期社会实践活动，常大青年积极投身社会实践，上好与现实相结合的一堂"大思政课"。据悉，常州大学共组建包含理论普及宣讲、党史学习教育、乡村振兴实践、发展成就观察、民族团结实践等多个类别的校级重点小分队47支和院级小分队300多支，引导12 000多名常大青年在社会课堂中"受教育、长才干、作贡献"。

为深刻认识、体悟"红色基因"的重大意义和时代价值，守好"红色根脉"，挺起精神"脊梁"，常州大学"老兵不老""小红灵"等社会实践小分队前往甘肃、贵州、安徽、江西等地的革命老区党史教育基地，深入社区、村镇，通过党史学习、理论宣讲、老兵慰问等方式，追忆峥嵘岁月，发扬"红色精神"，自觉当好"红色基因"的弘扬者和传承者，当好"红色文化"的践行者。

常州大学校、院两级社会实践小分队深入四川、云南等地，让点点青春之光闪耀乡村振兴之路。科技助农，常州大学"秸出膜范"小分队结合先进科技知识，为新疆呼图壁县等地带去新型地膜技术，挖掘秸秆衍生价值；"妈妈播呀电子商务"小分队借助电商优势为农产品销售插上"翅膀"。此外，"星火传递，振风启航"等小分队还通过非遗文化传承、文创产品开发、乡村风貌墙绘等多种方式，将青年人的知识才能和精神风貌带到田间地头、房前屋后，奋力续写乡村振兴的青春篇章。

助力国家"双减"政策落实，常州大学"龙城筑梦团"等多支社会实践小分队深入乡村、城镇，走进社区、小学，开设涵盖党史学习、科学普及、艺术陶冶、劳动教育、课业辅导等多项专题课程的暑期公益夏令营活动。小分队的同学们用真诚的爱心、实际的行动为乡村留守儿童、城镇双职工子女、外来务工子女送去知识和关怀，大手拉小手，引导小朋友们树立远大抱负，争做时代新人。

近年来，常州大学持续构建全员、全过程、全方位的育人大格局，落实立德树人的根本任务，积极发挥社会实践在人才培养中的重要作用。常大青年正在以饱满的热情服务社会、服务人民，在社会实践中迸发出强劲有力的青春力量。

秉持家国情怀，奉献青春力量

家国情怀，是一种人类的共性，是中华民族传统的爱国观念，是一种凝聚人心、催人奋进的高尚情操，更是一种使国家民族纵然处于苦难境况而终能屹立不败的精神凝聚力。在中华民族几千年绵延发展的历史长河中，爱国主义始终是激昂的主旋律，始终是激励我国各族人民自强不息的强大力量。

作为一名新时代的有志青年，应当早立志、立大志。1948年夏，年仅24岁的邓稼先怀着"为今后国家建设服务"的远大目标赴美留学。中华人民共和国成立后，全国各行各业百废待兴，急需大批的人才来促进发展，此时的邓稼先决定尽快回国，用自己所学的知识为祖国的科技发展贡献力量。回国之后，他从事原子核理论研究，以满腔热忱投入工作，为中国核理论研究做出了开拓性的工作。在国家决定要放一个"大炮仗"时，邓稼先深藏功与名，全身心投入核武器的研制中。大漠的风霜染白了他的鬓发，岁月的车轮碾过戈壁，在他的脸上也留下了深深的印痕。最终，原子弹在戈壁滩上爆炸成功，向世界庄严宣告：中国人民依靠自己的力量掌握了原子弹技术，打破了超级大国的核垄断，有效应对了核威慑。在当时复杂的国际形势下，这给国内的社会主义建设创造了一个和平安定的环境。从青年到暮年，邓稼先一直以科技强国为己任，并为之不懈奋斗，付出了最美的年华。

家国情怀世代相传，成为中国人的一种文化基因。家国情怀深深植根于我们的灵魂之中，内化于心、外化于行，铭刻于骨、融化于血，既体现为一种民族大义，也是赓续传承的文化传统。家国情怀是一种源自内心质朴的情感，是一个人与生俱来的感情本能和民族心理的沉淀。家国情怀建立在自然情感的基础上，从爱亲敬长到忠于人民、报效祖国，有力地促进了个人与家庭、国家与社会之间的良性互动，将天然血缘亲情上升为爱、敬天下一切人的伦理要求。

家国情怀体现为时代责任。当代青年始终是实现中华民族伟大复兴的先锋力量，需要勇敢肩负起时代赋予的重任。家国情怀在中国社会的时代变迁中，发挥着凝聚人心的重要社会功能，是孕育青年成长、成才的"沃土"。

研究生导师要引领青年学生扎根中国大地，了解国情、民情，在创新创业中增长智慧、才干，在艰苦奋斗中锤炼意志、品质；大力培育一批高校实践育人创新创业示范基地，广泛开展各类社会实践，为青年学生实现学以致用、用以促学、学用相长提供广阔的舞台。自 2017 年"青年红色筑梦之旅"活动启动以来，已有 302 万名大学生、58 万个团队参加了"青年红色筑梦之旅"活动，他们走进革命老区、贫困地区和城乡社区，传承红色基因、了解国情民情、接受思想洗礼、锤炼意志品质，为全国青年成长、成才打造了一堂"红色大课"、一堂最大最有温度的国情思政课。

（徐德锋　任顺利）

第八章　创意与创新创业计划

创意，亦作"剙意"。创意是传统的叛逆，是打破常规的哲学，是破旧立新的创造与毁灭的循环，是思维碰撞、智慧对接，是具有新颖性和创造性的想法，是不同于寻常的解决方法……

创意，指基于对现实存在事物的理解及认知所衍生出的一种新的抽象思维和行为潜能。创意是一种通过创新思维意识，从而进一步挖掘和激活资源组合方式进而提升资源价值的方法。

一个创新创业项目大多起源于某个或某些创意，好的创意能帮助创业者在创新创业的过程中事半功倍。

创意的本质是创新

从创新创业的角度看，企业创新是指企业为了获得可持续竞争优势，根据所处的内部、外部环境已经发生或预测会发生的变化，结合环境、战略、组织三者之间的动态协调性原则，并涉及企业组织各要素同步支持性变化，对新的创意进行搜索、选择、实施、获取的系统性过程。

区分以下两组概念可以加深对战略创新定义的理解。

变革与创新。变革一般指将企业转化成新的状况和不断变化的过程，在这一过程中企业可能沿用现行的计划和概念而未必产生新的构想；创新则是指产生新的构想和概念，并将它们付诸企业管理的过程。

发明与创新。发明指有史以来第一次提出某种技术的新概念、新思想、新原理和新装置；创新则不是一种单独的行为，而是新创意的产生、开发、实施和获取过程所涉及的所有活动。

创新是企业确保自身生存发展至关重要的能力。外部环境日新月异的变化给企业带来了新的机会和挑战。例如，政府和社会要求生产环保型产品的政策法规日益增多，开辟了企业经营的新途径，也关闭了旧有经营方式的大门；人们的信仰、期望、所欲和所得等社会、经济领域的新变化，需要企业不断开发新产品，淘汰过时的老产品；科学技术的发展，推动着企业产生新的创意以满足社会不断增长的新需求；竞争者推出的新产品也可能会构成对企业既有市场地位的重大威胁等。企业只有具备了创新能力，才能在各种动态变化中迅速做出反应，确保企业健康地生存和发展。

创新是企业获得持续竞争优势最主要的来源。尽管企业规模和企业资产等方面的因素也是企业竞争优势的来源，但是在当今的竞争格局中，那些能够利用知识、技能及经验开发出新产品、新服务和新工艺流程的企业更有优势。有研究表明，新产品和市场绩效之间存在强相关性。创新对企业竞争优势的贡献体现在以下几个方面：其一，新产品能够帮助企业占领与保持市场份额，提高企业在市场上的盈利能力；其二，成熟产品单纯依靠低价竞争无法在市场竞争中实现销售额增长，而诸如设计、产品定制及质量等非价格因素在这个过程中起到了非常重要的作用；其三，在产品生命周期日益缩短的今天，经常用更好的产品替代原有产品的能力变得越来越重要。所谓"时间竞争"表明，企业不仅要面对推出新产品的压力，而且要比竞争对手更快地推出新产品。

持续不断的创新是维持企业竞争优势的根本保障。从创新中获得的优势会随着其他企业的竞相模仿而逐渐消失。模仿创新的企业会及时、主动地改变产品（服务）、业务流程或基础商业模式，甚至能够获得"后来者居上"的优势。原创企业只有持续不断地创新，才能维持企业在市场上难以被超越的竞争优势。从另一个角度看，模仿创新的企业也只有将模仿创新提升为原始创新和自主创新，并培育自身持续创新的能力，才能在残酷的市场竞争中超越竞争对手，获得真正的竞争优势。

探索创意过程

在创意产生之后，有必要考虑创意在各个不同方面的特点，这些特点有可能影响创意实施的时机和决策。

创意的新颖程度——渐进性还是突破性。从微小的逐步提高到改变了人们的思维方式和使用方式的本质性的变化，就是渐进性创新向突破性创新的演进过程。渐进性创新是一系列持续、稳步前进的变化过程，使企业能够保持平稳、正常运转。渐进性创新往往发生在某些时点，影响企业体系当中的某些部分，而突破性创新是全面性的变化过程，是使企业整个体系发生改变。大部分时候，企业创新是以渐进的方式进行的，其在本质上以遵循"做得更好"的思路进行产品或流程改进。

创意的平台和产品家族。要使持续的创新达到理想的效果，途径之一是借助"基础平台"或"产品家族"这一概念，这种方法的基本思路是，依托一个稳健的基础平台或可以扩展的产品家族，为创新提供一定范围的延展空间。例如，英特尔公司的主要投资在一定程度上都用于产品家族的设计和生产；汽车制造商逐渐将注意力转向车型，这些汽车虽然款式显著不同，但都采用相同的零部件和底盘。

创意的层面——在组件层面还是架构层面。例如，对于飞机制造来说，组件层面上的改变也许包括采用新的金属或者复合材料来制造机翼，或者使用新的电子控制系统来取代控制线或液压装置，但是如果在系统架构层面上对如何连接机翼、控制系统和推动系统等知识不作更新，组件层面的这些创新可能很难实现。解决和处理这一问题的途径之一是技术融合，即不同的技术流相互汇合，使得原本分散的产品创新融合成新的架构。

创意的时机——创新生命周期。创新的机会随着时间的推移而改变。在新的行业，围绕着新产品和服务的概念进行创新大有可为；而更为成熟的行业则趋向于关注流程创新和定位创新，寻找成本更低、更快捷的销售产品和服务的方法，或者找到并占有新的细分市场。

创新创业计划

创新创业计划是创新创业者为了达到创新创业目标，借助科学方法和艺术手段构思、设计、制订策划工作方案的过程，这是一项系统性工作。大学生的创新创业计划可从市场环境、市场需求、市场竞争态势、创新创业项目筛选、技术研发、商业模式、团队建设、发展战略、市场营销、投融资计划、财务分析、风险评估、政策环境等内容进行全面描述、分析、思考和规划。创新创业计划既是大学生的创新创业项目策划，也是创新创业商业策划；既是过程计划，也是流程计划。

任何一个创新创业项目都需要进行创新创业计划。大学生创业者对于与金钱（特别是自己的钱）有关的任何风险都持一种纯粹自私的观点，因此，他们希望在最大限度保险的前提下实施想法。创新创业计划的过程给了创业者一个机会，让他们在把事情真正搞砸之前，能够在纸上预演可能出现的失误。创新创业计划的第一个草案往往不能通过进一步的审查，可能是第二个或者第三个才能达到要求，这时候他们才会对自己的想法感到自信。

银行和研究机构试图把企业的成败与是否有创新创业计划相联系。克兰菲尔德大学20世纪初的一项研究表明，75%的企业在它们成立的第一年没有创新创业计划，这个商业群体的失败率估计为40%左右；而同一项研究发现，在成立5年以上的企业中，有95%的企业有创新创业计划，而这个商业群体的失败率仅为5%。没有创新创业计划并不意味着你就一定失败，但这的确说明，创新创业计划能够帮助你的企业成熟起来，并且能够增加你的企业继续生存的机会。

创新创业计划书

创新创业计划书是一切计划的基础。创新创业计划书是创新创业者的策划方案和实施路径，是创新创业者的指导思想和行动指南，是创业者叩响投资者大门的"敲门砖"。大学生通过创新创业计划书可检查一下自己策划的创新创业构思的可行性，系统梳理整个项目的思路。创新创业计划书可提供给创业合伙人和投资方，向对方描述清楚该创新创业项目未来的发展前景和盈利性，邀约合伙人一起创新创业；争取获得投资人的投资。

创新创业计划书的内容很关键。大学生撰写的创新创业计划书有多少页比较好？在融资方面，一份 120 页的计划书简直会令人震惊，太多的细节使评委或投资者感到厌烦——还没读完，他们就已经搞不清它的结构了；而另一份 30 页的计划书则可以打个不错的分数，简明而全面。

近年来，常州大学多措并举，积极组织并指导学生参加创新创业大赛，发现很多大学生的创新创业计划书项目描述不完整、分析不到位、创新性提炼不全面、市场调研缺乏计划性、市场营销策略与营销措施不匹配、项目风险分析不全面，编写的创新创业计划书质量普遍不高。参赛的创新创业计划书主要存在以下 12 个方面的问题。

1. 没有提炼项目主要技术特点和创新点，亮点不亮。
2. 国内外市场需求现状及发展趋势、竞争状况及产品潜力描述不清晰。
3. 团队优势与项目核心不匹配。
4. 创新创业公司发展规划和前景分析不到位。
5. 市场营销策划不清楚。
6. 不会使用分析行业竞争的工具。
7. 不会写竞品分析。
8. 商业盈利模式没有创新点。
9. 投资融资预算编制不专业。
10. 项目前三年发展规划制订有问题。
11. 创新创业项目存在的风险分析不全面。
12. 不会写项目风险控制与应急预案措施。

创新创业计划书的作用

创新创业前应撰写完善的创新创业计划书。研究生选择的创新创业项目能否落地，能否顺利实施计划，能否获得投资人的投资，关键在于创新创业计划书。研究生编写创新创业计划书的过程是认真梳理创新创业项目思路的过程，是审视创新创业项目的成熟性、完整性和创新性的过程，是凝练技术产品特色和竞争力优势的过程，是建立商业模式、分析创新创业风险和制订风险控制措施的过程。研究生的创新创业计划书可让大赛评委或投资人快速了解创新创业企业的技术和产品特色，了解创新创业项目如何创造价值及投资者能否从中获得更大利益。同时，研究生创新创业计划书的设计可以帮助研究生创业者或团队负责人梳理项目详情，从而提高对项目的认知和项目的执行效率。

创新创业计划书的主要要素

如何写好研究生创新创业计划书？目的不同，计划书的重点也会有所不同。研究生的创新创业项目就像盖房子之前需要蓝图一样，不管创新创业计划书有多少种，它一定有个规范，有一定的章节，有一定不能少掉的内容，这就是创新创业计划书的主要要素。

创新创业计划书是一份对企业（项目）或拟建企业进行宣传和包装的全方位的计划，是获取风险投资的"敲门砖",也是一份讲述企业发展、体现企业经营者素质和体现企业融资能力的文件。那么在投资人眼中,什么样的项目是好项目呢?好的创新创业计划书至少应具备以下几个主要要素。

1. 技术 想要解决什么技术问题?是否符合市场大势、符合客户需求痛点?在市场的竞争格局下,项目技术及市场定位如何?

2. 产品/服务 产品和服务是什么?有什么特色?能给客户带来什么利益?与竞争者有什么差异?产品或服务创新性如何?如何使人想买?用户体验如何?是否有独特价值?是否有竞争壁垒?

3. 市场 目标市场在哪里?客户年龄层有哪些?客户是谁?产品对客户有什么样的利益?销路是直销还是找经销商?市场规模多大?市场竞争如何?怎么定价?利润有多少?

4. 团队 谁来解决问题?项目负责人、核心创始团队结构怎么样?股权如何设置?创业团队之间如何互补?职责是否界定明确?

5. 竞争 先做竞争分析:谁是主要竞争者?他们的业务如何?从他们那里能学到什么?如何做得比他们好?

6. 财务 筹资/融资款项如何运用?营运周转情况如何?筹融资款对专业的获利有何贡献?未来3年的损益表、资产负债表和现金流量表预估了吗?

7. 风险 经营企业一定会有风险,平时就要注意风险如何应对。

8. 展望 下一步要怎么样?3年后要怎么样?5年以后要怎么样?这个计划是要能永续经营的,所以在规划时要能够做到深耕化、多元化和全球化。

创新创业计划书的撰写步骤

怎么样才能保证自己制订出最佳的创新创业计划呢?

通常需要经历10个步骤,这些步骤都是必要的,而且一旦完成,它们保证你可以仔细考虑你的构想,并且为其提供足够的支持。

1. 你需要创新创业计划的理由,以及你准备向谁提交你的计划。
2. 说明你的想法,以及到目前为止你做得怎么样。
3. 描述你的目标,以及你认为如何能够达到这一目标。
4. 展示那些数字的组成——盈利、现金流量、融资。
5. 阐述你对市场、竞争者及你的产品或服务的了解。
6. 确定要达到你的目标,你所需要的资源——人才、设备等。
7. 对你的计划进行现实的考验,要使它经得起经济衰退或突发事件。
8. 说明你将如何传达你的计划、实施你的计划及控制你的企业。
9. 仔细检查你的创新创业计划,确认你没漏掉什么。
10. 按照计划行动。但如果环境或者时效有变化,重复这个过程。

创新创业计划书的注意事项

现在你可以开始考虑研究和撰写创新创业计划书了,但在开始之前,请考虑以下几个要点,它们能使你的创新创业计划书与众不同。你的创新创业计划书应该注意做到以下几点。

1. 支撑材料充分 把自己比作一个法庭上的律师,你的陈词比起一个可靠的证人证词能多多少少分量?很少一点。因此,你应该确定创新创业计划已经过全面研究,并且包括了支撑这个计划的所有信息和证据。如果你声称"我们的客户购买我们新产品的数量,将与购买旧产品的数量相当",你会面对很多的争论,但是如果同样的陈述有市场研究的证据来支撑——不论是其他人独立的研究，还是你的内部研究结果（如客户调查、竞争产品分析等），则你的论述就更有可能被接受。不要把详细的市场研究、竞争对手分析、产品说明及财务会计预测撰写在计划书的正文里，可在计划书中做些索引，把这些内容放进附录中。这样，如果评委或投资人希望了解的话，他就可以参考这些内容。

2. 语言精练 在准备撰写创新创业计划书的时候，你必须始终记得问自己"评委或投资人需要知道这些吗？"不要让你的热情抒发得太过分。例如，在准备用来募集资金的创新创业计划书时，你将资产负债表预测和资金需求写进去，就是比较得体的；但是，如果地产所有人在给你租赁合同之前，向你要创新创业计划（寻求外部支持）、资产负债表预测、资金需求或者市场研究和客户调查等这样的信息，就很有可能是不得体的，你只要告诉他们需要知道的就足够了。

3. 内容通俗易懂 不要让你的创新创业计划书看上去是用外文写的。例如，如果你的产品非常复杂，而且技术含量很高，不要指望评委或投资人有和你一样的专业知识，得体的方式应该是，向评委或投资人解释和定义那些可能很难理解的专业词汇——可以在正文里，也可以在附录的术语表中，而不是让他们陷入一堆你的企业特有的专业词汇中去。即便是非常复杂的信息，你也应该有能力通过使用有条理的词语，向平均教育程度的人解释清楚。你必须保证一个聪明的评委或投资人能够理解你的创新创业计划及其所有相关的复杂信息，虽然他可能对你的产业、产品及服务情况没有进行专门的了解，因为这是你的责任。

4. 数据准确 不要让你的创新创业计划书成为一次疯狂的电子表格练习——让盈利和现金流量预测从第1天开始就展示那些诱人的数字。你可能对你的企业前景有足够的自信，但是评委或投资人也明白什么叫作常识——他们分得清现实和编造的区别，他们完全有可能看到过和你所类似的企业，清楚什么是现实的而什么不是。在某个阶段，你必须实现你的创新创业计划所规划的前景，别让它成为不可能完成的任务。你所有的陈述和财务预测，都应该建立在过去的经验，或者有根据的假定的基础上。同时，也不要忽视你可能遇到的麻烦，你应该在计划书中对它们加以强调，并给出解决方案。

5. 排版科学美观 不要让外观影响你的创新创业计划的价值。我们再对最后一条强调一下，如果你的创新创业计划书看上去很干净、大气、聪明，它就会给评委或投资人一个更好的印象——他们会觉得你是聪明的、职业的、有组织的等。现在到处都有文字编辑软件、电子表格、创新创业计划软件、激光打印机和彩色打印机，你没理由把你的计划书弄得太难看。

创新创业计划书的具体章节

创新创业计划书正文一般包括产品/服务/技术方案描述、市场分析及定位、商业模式、营销策略、财务分析、风险控制、团队管理几个模块，在此基础上，可增加项目概要、附录。

1. 产品/服务/技术方案描述 产品与服务是大学生创新创业计划书描述的重要内容，大学生创新创业大赛评审的重要指标，包括描述产品性能、产品图片、技术参数、设计图纸、服务界面等，应尽可能以最多的篇幅去介绍产品，去总结产品的创新思路、功能亮点、独特价值、技术创新和竞争壁垒，让投资人或评委产生想购买、想拥有、想体验、想进行技术合作、想投资的冲动。在产品介绍中，可以围绕以下几个方面的内容重点描述。

（1）技术水平：创新创业项目的技术先进性需通过技术水平的高低来体现，如集成电路、电子信息、AI、大数据、新兴软件、互联网、物联网、新材料、节能环保、生物医药、电动汽车、文化创意、航空航天等诸领域，都属于具有一定科技含量的科技创业项目。对于这类科技项目，技术水平的描述就显得十分重要，为了清晰地描述项目的技术水平，可以按照项目产品的技术水平是否处于国际领先、国际先进、国内领先、国内先进4个不同的等级进行陈述，如果该项技术填补了国际空白或国内空白，也请一定补充进去。

（2）自主知识产权：知识产权反映了大学生创新创业项目的创新性，自主知识产权在一定程度上可视为项目保护的壁垒。知识产权的种类较多，可以包括发明专利、实用新型、外观设计3种专利权，还可以包括软件著作权、公司商标权、版权、工业品外观设计权、集成电路布图设计权、植物（动物）新品种、未披露过的信息（商业秘密）专有权等。创业项目中常见的知识产权有专利权、商标权和著作权等。自主知识产权是创业项目的竞争优势，也是为项目的跟进者和模仿者设置的门槛。创业项目中如果有自主发明的专利和软件著作权等知识产权，将会对创业项目的技术创新性和技术竞争力加分。如果创业项目拥有自主知识产权，一定要在创新创业计划书中加以介绍，描述清楚专利名称和专利号，对于已经授权和正在申报的专利一定要说清楚，在大学生创新创业大赛评审时，评委对于具有发明专利的创业项目创新性打分会更高一些。对于大学生的创新创业项目，有些专利是属于学校和老师的科研成果专利，并不属于创业团队，为了避免知识产权纠纷，一定要请学校和老师给创业公司或创业团队一个专利使用授权，签订一份专利使用授权协议。

（3）产品与服务的特色：产品与服务的特色是最应引起重视的关键内容，具有特色的产品和创新的特色服务，是项目盈利的关键，也是衡量创业项目质量好坏的一个重要评价指标。大学生创新创业大赛的评委都会十分关注产品特色与服务模式。

在描述产品与服务时，要尽可能突出产品的特色是什么，产品优势是什么，核心竞争力是什么，服务的创新盈利模式是什么，服务特色是什么，这些特色与市场的同类产品服务有什么不同，都有哪些竞争优势。

产品可以从价格低廉性、使用便利性、节能环保性、安全舒适性、美观时尚性、功能多样性和科技含量等多个方面加以描述，如产品的应用面是否足够宽，覆盖面是否足够广，适合哪些不同的领域、人群和消费环境；产品的价格较国内市场同类性能的产品价格是否低廉，比国外同类价格低多少；产品在使用时操作是否便利，通过产品说明书和简单的培训是否就可以学会使用；产品是否具有节能减排的特点，使用后会不会对生态环境造成污染；产品在使用时是否具有舒适性、健康性和安全性，会不会对人身造成伤害；产品的结构和外观设计是否具有时尚、美观、新颖、大方等特点；产品是否采用了一些具有特殊性能的诸如纳米、碳纤维或石墨烯等科技材料；产品的功能性是否足够强大，可以满足不同人群和地域的需要；产品的技术含量是否较高，具有自动化、智能化和信息化等特点；产品是否具有技术壁垒，是否已经申请并被授予专利、软件著作权等自主知识产权。要围绕创新服务模式和特色服务模式描述产品的服务特色，说清楚你提供的服务是什么样的，有哪些特色，与别人的服务有什么不同，有哪些服务的创新性，描述清楚你如何围绕产品定位、价格定位、服务定位开展服务，如何整合优质资源，如何建立渠道开拓市场获取用户，以前传统的服务模式是怎么做的，现在借助互联网思维的模式又是怎么做的，是否采用了跨界融合的思想来提升服务能力，是否采用了分享和共享的理念来提高运营服务能力，你能提供哪些增值的服务和高附加值的产品，并采用什么办法来保持客户的忠诚度和黏性。建议团队发挥专业特长，有技术创新内涵，不要简单地追随投资热点，要专注聚焦，不追求大而全，尤其要考虑利用专业资源、发挥专业优势。

常州大学2020年参加了第十一届"挑战杯"江苏省大学生创业计划竞赛，从项目评选结果来看，共获得金奖3项、银奖5项、铜奖2项，有依托于药学院、石油化工学院、商学院、机械与轨道交通学院、材料科学与工程学院、石油工程学院和环境安全与工程学院及怀德学院等的项目，如金色蜀姜；匠者之心，青年使命——镜头下的文化商业助力；动态结构光三维形貌采集分析系统；源源不断——水电一体综合保障车；突破常"硅"——节能环保光固化硅基离型剂倡导者；电站卫士——远程智能解锁钥匙箱；云开雾散，共享清风——定制化相变式静电空气净化器；大有智慧——油井故障智能诊断专家；常新空净——您的室内空气管家；桃梨满天下，惠农千万家共10个项目。这些都是具有鲜明专业特色的项目，能够利用学院资源、师资及团队自身的专业优势。从往年的省赛、国赛获奖情况来看，也充分印证了这一点。

2. 市场分析及定位 市场分析包含项目直接相关的行业背景、发展趋势、市场规模、政策法规等因素分析。行业市场分析要具体、有针对性，与所要做的事紧密相关，避免空泛论述，如描述在目前的市场背景下，发现了一个什么样的"痛点"。在分析时，如已有相关的产品或服务，请对竞争格局和已有的产品或服务做简要分析，表明当前项目的差异化机会，如果必要，说明目前是做该项目正确的时机。

市场是核心。对于市场和竞争这一部分，再怎么强调都不过分。没有好的市场信息，你的商业计划就丧失了基础，财务预测也就变成了没有根据的想象；如果你的企业刚刚起步，那么情况就会更糟糕；没有经营历史，评委或投资人又怎么相信你财务预测中的销售数据呢？

如果你有一个新公司，或者想要进入一个新市场，而且正在准备你第1年的预测，就更需要合理、客观地估量。如果你没有任何现有客户，没办法问他们明年要买什么，对客户也就没有任何了解，更没法参考以前获得新客户的经验，在这种情况下，你没有任何选择，只能对你可能的销售情况进行一个合理的估计。要注意是"合理"的估计，而不是漫无边际的猜想或者凭空捏造。同时，你还要认识到，这种预测必须非常客观，否则很有可能是错的。

开展市场调查，搜集资料进行分析，可以采用多种办法：①一手资料，以调查问卷为载体，做抽样调查，通过面谈、网络调查、电话调查等方法得到，注意样本选取量不能太少；②二手资料，通过行业统计年鉴、行业报告、文献等获得。调查结果可以图、表形式进行展示，要能说明该项目符合市场需求、解决用户痛点，需要预测未来市场容量、预测销售收入。还可做SWOT分析，列出该项目的优势（S）、劣势（W）、机会（O）、威胁（T），为市场策略制订提供决策依据。建议该部分多用数据或案例说明，直观且有说服力。

在市场分析里，我们建议进行以下细分。

（1）市场细分：整个世界的市场，对于一般规模的企业来说实在太大了（当然除非你是微软这样的超级巨头），因此你需要把目标市场缩小到一个合适的规模。这个把客户按照其共性进行分类的组织过程称为市场细分。通过细分，你就不必要获得整个世界的客户，而把注意力集中到你最能满足的那一小块市场。这样细分后的小块市场对客户需求来说是非常独特的。

（2）人口细分：客户群体是按照他们的个人特性来进行分类的，如年龄、性别、教育程度、家庭中的位置及社会经济学特性等，这些特性对于他们的需求及他们购买你的产品的能力都有显著的影响。

你能清楚地说明，你的产品或服务是针对以上的哪些群体吗？如果不能的话，要找出来，否则就不知道你的产品或服务要卖给谁，也就很难获得更多的顾客。如果你的销售是面向企业对企业的市场，那么这种人口细分的方式可能就不太相关。对于这个市场，标准产业分类（SIC）的类别、员工数量、营业额规模等因素可以看作类似于人口细分的分类标准。

（3）地理细分：正如它的名字所暗示的那样，这种方式是根据客户群的居住地和购买产品的地点进行细分的。很明显，很多情况下顾客选择在当地购买。

地理条件会对你的客户有什么影响？他们会购买吗？你的第一个任务就是要认识到，这可能会影响你的产品或者服务的销售，然后，你需要想办法克服这个问题。一个典型的例子就是互联网平台销售，以此将它的地理区域延伸到所有可以销售的地方。

（4）利益细分：正像名称所暗示的那样，通过这种细分方式应认识到，不是所有的顾客都能从同样的产品或服务中得到同样的利益。例如，有些人买牙膏的目的是让他们的牙齿发亮（化妆利益），从而增加他们对其他人的吸引力；而另一些人购买牙膏的目的是防止蛀牙的伤害（医疗利益）。有些产品的定位，就是在展示标准利益的同时还包含附加利益，以此来扩展它们的销售，就像牙膏一样。

还有另外两种利益类型。

集合利益：客户购买的产品除了能够满足他们的初始需求之外，还包含了他们与供货商之间的关系，如运送、售后服务、社会形象和声誉等因素都包含在其中。这种情况经常可以在知名的运动型汽车车身上看到,它们的广告、赛车比赛和品牌个人用品(包括衣服和化妆品等)都让购买者参与进来。

区别利益:你必须能够说明你的产品或服务不同于其他品牌的地方,否则潜在客户就不会转而使用你的产品或服务。顾客通常都会表示出相当的品牌忠诚度,但如果你能向他们说明,你的产品或服务更便宜、更好而且更快,他们就有了一个转向你的理由。

(5)竞争者分析:竞争者分析也是市场分析中不可或缺的一环。到目前为止,你应该对你的客户是谁及他们的特殊需求有了一个比较清楚的认识。但是,还有人挡在你和这桶"黄金"的中间,他们就是你的竞争者。他们和你有同样的目标,如果想要成功的话,你必须先击败他们,对他们的存在浑然不觉只能意味着危险。与商业计划的其他方面一样,信息是最关键的,你对他们有哪些了解?只有在对他们有了准确的估计之后,你才能正确的应对。

竞争者分析的目的在于对竞争者作出估计。他们一共有多少家?他们有多大?他们的盈利怎么样?他们的产品什么样?第一个阶段是要搞清楚你的竞争者是谁。你可以从互联网上查询,了解竞争者有哪些,他们有什么产品和服务,他们大概的销售额是多少,以及他们有多少员工等。下一个阶段是评估你的竞争者。如果初步调查发现了几个潜在竞争者,你可以对他们全部进行详细调查,但如果发现了超过十个竞争者,你可能应该缩小一下范围,选择那些最直接的竞争者,对他们进行详细调查,而后再考虑那些外围的竞争者。再下一个阶段,就应该进行一些财务分析,看你的竞争者有多强大。只有知道竞争者是谁、他们的实力如何后,你对竞争的准备才能做得更加充分。当然,我所建议的分析方法大多是财务方面的分析,你还可以对他们的产品和服务进行分析,对于这些,你应该更注重以下4个方面:①产品或服务的质量;②保修和售后服务;③付款方式;④产品声誉。那么,你应该如何来查询这些信息呢?很简单,你可以自己来,也可以找个朋友或亲戚帮你做。只需要假装有兴趣购买他们的产品,直接给这些公司打一个电话,索要他们的产品目录和证明人信息;你还可以咨询周围的顾客和供货商的意见。这样你基本上就可以知道所有你希望了解的信息了。

3. 商业模式

(1)商业模式图:一份成功的商业计划书一定要有一个清晰、具体的商业模式图。商业模式图一页纸就可以呈现,它基本可以确定一款产品商业模式的方方面面,能够让投资者在此模式下对该产品的商业模式是否完整或者存在很大的纰漏一目了然。除此之外,还可以判断商业模式的各个方面是否一致,清楚地看到你的团队是否清楚你正在做什么,为什么要这样做等。商业模式图可以帮助投资者更全面地看清公司的全貌,对各自的职责也有一个更加清晰的认识。

(2)商业模式包括如下十大要素。①价值服务。我们能提供哪些服务?我们的核心业务、核心任务是什么?②价值定位。即你所提供的产品或服务。我们该向客户传递什么样的价值?我们正在帮助我们的客户解决哪一类难题?我们正在满足客户哪些需求?我们正在为谁创造价值?谁是我们最重要的客户?③核心资源。即资金、团队,是用来描绘让商业模式有效运转所必需的最重要的因素。我们的价值主张需要什么样的核心资源?我们的渠道通路需要什么样的核心资源?④客户群体。即找出你的目标用户,是用来描述一个企业想要接触和服务的不同人群或组织。⑤客户关系。即你想同目标用户建立怎样的关系?客户关系可用来描绘公司与特定客户细分群体建立的关系类型。每个客户细分群体希望我们与之建立和保持何种关系?哪些关系我们已经建立了?这些关系成本如何?如何把它们与商业模式的其余部分进行整合?⑥渠道通路。通过哪些渠道可以接触我们的客户细分群体?我们如何接触他们?我们的渠道如何整合?哪些渠道最有效?哪些渠道成本效益最高?⑦重要合作伙伴。它是让商业模式有效运作所需的供应商与合作伙伴的网络。谁是我们的重要伙伴?谁是我们的重要供应商?我们正在从合作伙伴那里获取哪些核心资源?合作伙伴都能执行哪些关键业务?⑧成本结构。我有哪些成本费用支出?每项支出分别占比是多少?⑨收入结构。什么样的价值能让客户愿意付费?他们现在付费买什么?他们是如何支付费用的？他们更愿意如何支付费用？每个收入来源占总收入的比例是多少？⑩核心技术。我们掌握哪些核心技术？是否拥有技术壁垒？

（3）商业模式的可行性判断：在制作出完整的商业模式之后，就要进行商业模式的可行性判断。最直接、有效的一个判定方法就是以这个商业模式是否能有效解决一个市场的痛点，或者满足了用户的什么需求来进行。

以"金色蜀姜"项目的商业模式为例：价值服务是提供姜黄种植及高值化技术服务；关键业务包括姜黄肽片、姜黄素产品销售；核心资源是从事姜黄产业化的专业人员；客户群体是亚健康人群；客户关系通过公众号文章推送、线下讲座等进行维护；渠道策略是通过朋友圈转发、超市广告进行宣传，通过公众号订阅课程、报名活动、团购产品；重要合作伙伴有食品、微课平台；支出结构包括公众号开发维护费、推广费用、药膳材料及人工费；收入结构包括课程销售收入、药膳产品销售收入、合作广告收入。

4. 营销策略　是围绕产品定位，结合市场分析进行的营销策略制订，可分阶段描述，包括产品策略、价格策略、渠道策略、促销策略4个方面。营销策略可围绕各阶段的营销目标，从以上4个方面选择性阐述。例如，导入期目标是提高知名度、吸引用户，可重点描述宣传、推广怎么做；成长期目标是快速提高市场占有率，可重点描述产品/业务的推新、部分产品的低价渗透策略、销售网点的增加等；成熟期目标是保护已占领的市场，尽可能延长成熟期，可从产品的创新、价格策略、渠道管理、促销等方面描述如何应对激烈竞争。

通常，我们建议分为以下3个阶段。

第一阶段：厘清谁是你的目标客户（目标分析）。谁真正需要你的产品，这类群体数量有多少，地区分布，以及有何共同属性、习惯等实际有用的信息。每个产品或者服务都有它的适用群体，不是有需求就一定会购买你的产品。例如，一个女生有买包的需求，但是只想买大品牌，街边小店的包物美价廉，但不符合客户需求，所以应找准自己产品和服务所对应的客户群体，避免浪费时间来对接无效的客户。用户分析做得好，后面销售、推广可以事半功倍，反之可能会浪费大把时间、精力和金钱在无意义的事情上。

第二阶段：如何让你的目标客户知道你（渠道策略）。接上述，分析完目标客户之后，就要开始推广。如何让你的客户知道你，这个过程所用到的办法、策略、渠道，我们可以称为营销策略，很多公司销售上的费用都用在这个环节上。策略所用到的办法要具体、落地、实际，可以是对运营实践的总结，也可以是对未来销售办法的预制定，但是要实在，不要冠冕堂皇的一大堆理论，包括通过什么途径（渠道）、采取什么办法（符合自己实际）等。一般有一个主要的策略，外加两个辅助策略；不要记账式地提出十几个策略，哪有那么多人手、精力去执行呢！此外，如果该策略已有成效，可配合效果图，则能更有力地证明策略行之有效。

第三阶段：客户知道你之后，如何让他们放心购买（产品策略）？第一阶段分析客户，第二阶段找到客户，第三阶段就是说服客户了。让客户知道你，这不是最终站，让他们心甘情愿地购买你的产品和服务，这才是销售的终极目标。如何让他们信任，其实拼的就是产品。产品策略包括价格制订、品牌包装、相关服务等，是以产品为中心建立的，目的是让客户觉得购买你的产品是物有所值，性价比优于其他产品。

5. 财务分析　很多人要问，我才成立或者还未成立公司，为什么现在就要进行财务分析与预测呢？你们中有些人认为现在做财务预测很荒唐，因为我们还没有考虑市场、销售、生产、人力等问题。你可能会说："我还没做市场调查来研究产品和服务的市场表现，我怎么可能填写出一个销售数字？"是的，除非有百分之百的证据支持，否则的确不能填写销售数据，但可以先做一个假设，然后从这个假设出发。如果第1年销售10万元，第2年销售12万元，第3年销售15万元的话怎么样？收益率会达到多少，需要多少资金才能做到这样？

建议你现在就开始进行财务预测，主要是基于以下几个原因。

第一，目标是否合理。目标的销售额能够达到盈利的要求吗？如果你的目标制订得有问题，那么肯定是早一点发现比较好，免得为一份没用的计划投入太多时间。建议你应该做一个"如果……怎样"的盈利预测，看目标在理论上是否成立。如果结论是预计的销售无法达到盈利目标的要求，你就可以开始考虑，在战略上是否存在增加盈利的其他选择，这可能包括增加毛利率和（或）降低管理成本等。

第二，资金链是否正常。现金流量表现如何？依据销售和盈利目标，你可能遇到严重的现金流量问题，而这是之前没有估计到的，这样，可能需要重新研究你的目标，尤其是在很难获得更多资金的情况下。如果企业能按计划发展，资产负债表的情况如何？为什么要对这个感兴趣呢？因为它体现了所有的资产增加（固定资产和流动资产），并表现了你的短期偿债能力。资产负债表会突出表现你所有的资金使用弱点，并使你能够考察几个重要的财务比率，如资金使用回报率等。第一个"如果……怎样"的问题可能会反映出很差的财务表现，而使你无法获得需要的资金。

对于盈利、现金流量和资产负债表的首次考察的最终结果是，你得到了某个结论，然后对自己说，"我觉得不错，现在我们该考虑怎么做才能使这真正发生？"这样，你再把注意力集中到商业计划的其他部分，来说明你如何来实施计划。也可能你对盈利和现金流量方面不满意，需要重新考虑商业计划。

给你一个警告，这是一种被称为"期望的结果"的方法，但它同样会导致被称为"疯狂的电子表格练习"的现象。你可能知道这种情况，当填进越来越高的销售额数据时，更多的盈利和现金也就随之而产生了，它有一种很强的诱惑力，让你越走越远。记得对你的财务预测做一个清醒度测试，如你不可能卖出比最大生产量更多的产品；如果你加快生产和销售的过程，相关的成本和资金要求也会增加。你还要记住，你的评委或投资人也会用他们自己的逻辑来检测你的预测，很快他们就会发现那些不合实际的数据。那时候，你可能就得面对这样的问题，"我看到毛利率从去年的40%增长到计划中第1年的50%，但你的计划中没有说明怎样来做到这一点。能不能请你解释这个明显的奇迹呢？"

通常的话，我们需要未来1年左右项目收支状况的财务预估，可用损益表体现；未来6个月或1年的融资计划，需要多少资金、释放多少股份，用这些资金干什么、达成什么目标；之前的融资情况。建议不必写未来3年，甚至5年的财务预测，除非是已经非常成熟的项目。成熟项目的利润率跟同行业平均利润率相比，应当有明显优势。

6. 风险控制　　企业经营风险是指企业在经营管理过程中可能发生的危险。

（1）有哪些风险？以对企业目标实现产生的影响为标准可以将风险划分为以下6种。①战略风险：是指影响整个企业的发展方向、企业文化、信息和生存能力或企业效益的不确定因素。②财务风险：是指由于公司财务结构不合理、融资不当使公司可能丧失偿还债务能力而导致投资者预期收益下降的风险。③市场风险：是指未来市场价格利率、汇率、股票价格和商品价格的不确定性对企业实现其既定目标的影响。④运营风险：是指企业在运营过程中，由于外部环境的复杂性和变动性及主体对环境的认知能力与适应能力的有限性，而导致的运营失败或使运营活动达不到预期目标的可能性及其损失。⑤法律风险：是指在法律实施过程中，由于企业外部的法律环境发生变化，或由于包括企业自身在内的各种主体未按照法律规定或合同约定行使权利、履行义务，而对企业造成负面法律后果的可能性。⑥内部风险：内部风险可从团队方面、管理方面、经济纠纷等方面考虑。经济纠纷的避免方式是在工商注册前明确股权比例，持股比例取决于项目的核心要素（技术导向/渠道导向/资本导向/客户导向），掌握核心要素的成员应占有更多股权。

在商业计划书中对运营风险应该格外重视，应将其细化到具体项，这部分是风险控制的重点部分。

(2) 怎样分析风险？在商业计划书中对风险的分析要把握以下 3 点原则：一是切实分析项目中最可能遇到的风险，越微观越好，因为宏观上分析的可控性相对较低；二是在风险识别完成后，建立投资项目主要的风险清单，将该投资项目可能遇到的所有重要风险全部列入表中，方便自己也便于投资人知道这个项目的具体情况；三是提出控制方案，控制方案一定要注意切实可行，不要假大空。

(3) 如何判定你的风险控制方案的可行性？风险管理的基本程序包括风险识别、风险估测、风险评价、风险控制和风险管理效果评价等环节。良好的风险管理有助于降低决策错误的概率、避免损失的可能、相对提高企业本身的附加值。理清企业风险并对其进行分析之后，我们需要更进一步去判定自己的风险控制方案的可行性，即风险管理效果评价。这个时候，我们需要寻求外界的帮助。判定风险控制可行性的方法一般有两种：一是询问相关人士，征求内行人的意见；二是参考同类型公司做法。

在商业计划书中，一项有效的风险控制体系和计划通常包括了风险本身的控制与非风险本身的控制。柳传志有句话：跳出画中看画。做商业计划书时需要全面地考虑问题。"当局者迷，旁观者清"，很多时候企业的管理者需要做一做旁观者，超越事物本身去看待事物，这样也许就会有新的发现，从而更好地区分自己可能遭遇的风险是什么。

7. 团队管理 作为"盘点"目前状况的一部分，你的创新创业计划书必须涵盖你的人力资源，事实证明人力资源对于任何一个成功企业都是最重要的资产。你应该牢记，当银行、风险投资家等投资一个企业时，从根本上来说，他们就是在认定这个管理团队会成功。有人问中国著名风险投资人徐小平，当他准备投资一个企业时，他最重视的因素是什么？他的答案非常简单，而且始终没有改变：第一是人，第二是人，第三还是人，第四才是产品或者服务。他总是在人身上投资，只有当他相信这个团队时，他才会考虑他们所提供的产品或者服务。

那么关于这些人员，你都应该说些什么呢？首先，你需要介绍团队的人员规模和组成、团队主要成员的分工、团队的核心竞争优势、组织结构设置，鼓励跨学科、跨专业组队，实现互补，凸显团队的优势（年轻、专业、激情、梦想、执行力等）；然后，你可以有选择地加入一份简历，它应该强调目前的个人责任和在本领域里获得的成功，并包括个人技能、相关资格证书及部分工作经历。如果你准备在商业计划书正文中包括这些内容的话，每个人的简历最好为十几行；如果需要更大的篇幅，你可以将简历包括在附录里，并在商业计划书正文的这一部分中作最简单扼要的介绍。

当然，任何团队都必须在相应的管理结构中发挥作用。需要注意的是，科技成果转化项目，需说明科技成果的专利人、发明人与团队的关系。

8. 附录 如果有项目的支撑材料，如调查问卷、合作意向书、合同、合作协议、活动照片、工商执照、成员资质证书、产品专利证书等材料复印件，应在正文后设置附录。

(1) 公司法人企业营业执照或机关事业单位组织机构代码（复印件盖公司公章）。

(2) 项目专利权所属及授权应用的证明材料：如专利授权资格证书（须附专利权权利要求书）、专利权审理通知单、手机软件登记书、新药证书、临床医学批文、产权年限应用授权证书、产权年限应用认同书、技术合同等。

(3) 申请企业相关的证明材料：如各种各样制造行业准入条件企业资质证书、高新科技公司评定资格证书、软件双软认证证书等。

(4) 项目进度的证明材料：如技术报告、检验报告、制造行业准入条件证明及其客户应用汇报等；国家专控及特殊行业商品，应附有关负责人、企业出示的准许证明；纳入国家、省高新科技方案的相关准许文档、知名商标资格证书、环境保护证明、奖赏证明。

(5) 申请日上一月的财务报告（可以体现年度经营情况）。申请注册未满一年的公司须申报公司注册时的汇算清缴报告和本月的公司财务会计报表。

（6）项目或产品销售合同书及发票。

（7）其他说明企业特性的资料：如团队具体信息、工程项目管理中心、重点实验室、公司研究中心的立项批文；出口创汇合同书和结汇证明等。

商业计划书附注规定，各种各样需要的附注材料齐全，而且服务承诺附注材料及复印件真实可信。

（孟　启　崔永琪）

第九章　双创实践活动

"十三五"期间（2016～2020年），西安交通大学（简称西安交大）共派出1110支队伍、4500多名研究生参加中国研究生创新实践系列大赛，共获奖432项，其中一等奖及以上奖励54项、二等奖169项、三等奖209项。根据赛事种类的不断拓展，辐射面逐渐扩大，参与的研究生涉及不同专业、不同领域，参与人数及获奖数逐年增高。

2021年西安交大先后选派了1700多名研究生、430支队伍参加中国研究生创新实践系列大赛，共获奖168项，其中一等奖及以上奖励18项、二等奖62项、三等奖88项，获奖数为历史最高，一等奖及以上奖励数量连续3年位居全国高校第一，其中，在研究生创新实践系列大赛中最具影响力的研究生电子设计竞赛，西安交大连续3年蝉联全国团体一等奖。

中国研究生创新实践系列大赛是由教育部学位管理与研究生教育司、教育部学位与研究生教育发展中心指导，中国学位与研究生教育学会、中国科学技术协会青少年科技中心主办的比赛。大赛已成为在校研究生培养创新精神和创新意识、提高实践能力的平台，成为研究生培养单位提高研究生培养质量、营造研究生创新氛围、推动研究生创新创业教育改革的有力抓手。

2022年全国普通高校毕业生人数为1076万，截至目前大学生毕业人数将突破1170万，加之40万人"海归"和社会未就业人士，竞争就业岗位的就业大军已有千万人之多，就业形势严峻，就业压力不断增大。在社会快速变革的大背景下，国内经济运行发展速度变缓，经济增长对就业的拉动效应在减弱。社会每年提供的新增就业岗位与日益扩大的大学应届毕业生就业需求间的矛盾，新兴产业所需技术技能型人才短缺与大学专业结构调整滞后间的结构性矛盾也日益凸显，创业带动就业成为解决矛盾的有效措施。

人才是创新驱动的第一资源。习近平总书记强调，要完善创新人才培养模式，培养造就一大批熟悉市场运作、具备科技背景的创新创业人才，培养造就一大批青年科技人才。高校担负着人才培养和科学研究的重任。国家创新驱动发展战略的实施，以及经济社会发展新常态的到来，为大学生创新创业团队的建设与发展提供了难得的战略机遇。

从20世纪80年代末，中国开始以相关竞赛为引领，开展大学生创新创业教育。团中央等单位从1989年开始主办"挑战杯"全国大学生课外学术科技作品竞赛，从1999年开始主办"挑战杯"中国大学生创业计划竞赛（自2014年起改为"创青春"全国大学生创业大赛），此两项赛事均为每两年举办一次。在国务院办公厅《关于深化高等学校创新创业教育改革的实施意见》颁布后，从2015年开始，教育部等部门已连续主办了8届中国国际"互联网+"大学生创新创业大赛。参赛组别有主赛道、"青年红色筑梦之旅"赛道，下设创意组、初创组和成长组等，旨在把大赛作为深化创新创业教育改革的重要抓手，引导各地各高校主动服务创新驱动发展战略。各省纷纷出台了创新创业教育改革的实施方案，积极开展教学改革探索，建立健全教育体系，人才培养质量显著提升，学生的创新精神、创业意识和创新创业能力明显增强，投身创业实践的学生显著增加。近年来，各高校纷纷设立创新创业学院，创新创业教育不断加强，如南京大学自2008年起先后与美国、英国有关高校联合成立国际创新创业学院，汇聚国际知名专家、成功企业家、著名投资人开展创新创业教育与培训。99所大学被教育部认定为首批创新创业教育示范高校。创新驱动发展战略的实施，以及对创新创业教育的重视，为大学生创新创业团队建设提供了宝贵的时代机遇，使得"培养创新创业人才"这一团队的核心目的更为清晰和必要。

改革开放以来，经过30多年高强度、大规模的开发建设，中国传统产业相对饱和，目前已进入双创的崭新时代。国家要求各地区、各有关部门整合发展财政和社会资金，支持高校学生创新创业活动，要求各高校优化经费支出结构，多渠道统筹安排资金，支持创新创业教育教学，资助学生创新创业项目。2017年国务院出台了《关于强化实施创新驱动发展战略进一步推进大众创业万众创新深入发展的意见》，加大了对学生参与创新创业活动的鼓励、支持力度。2018年9月《国务院关于推动创新创业高质量发展打造"双创"升级版的意见》出台，指出我国经济已由高速增长阶段转向了高质量发展阶段，对双创提出了新的更高要求，要大力推动教育机制与科技体制创新，协同各战略合作伙伴企业、大学、科研机构、投资机构等，积极搭建双创教育、创业孵化机制和众创平台，搭建城乡协同双创系统平台、产教融合双创系统平台等。2018年国家《乡村振兴战略规划（2018—2022年）》发布，提出要激发农村创新创业活力，推进产、学、研合作。由此可知，大学生创新创业已成为经济转型升级过程中的一种趋势，是社会各界广泛关注的热点问题，国家、各地政府和部分高校为了增加就业率及增加对外人才吸引力、提升自身竞争力，出台了一系列专项优惠政策以鼓励、支持大学生创业。各种形式的创新创业基金，为大学生创新创业活动提供了重要的直接经济支持，使得团队物质条件的改善、增加经费的投入成为可能。目前，各高校纷纷筹资，如四川大学筹资设立了20亿专项基金，支持大学生创新创业；各种创客空间、创投平台、风投基金、政府或民间基金也大力促进了创新创业的开展，引导研究生参与创新创业实践，提升创新创业能力。

一、我国高校创新创业现状

对创新创业教育了解不够、认识不深、重视不足。尽管高校大学生的大学课程系统中包含创新创业教育，但由于纳入时间相对较短，使得就业创业教育体系不够完善，其自身的发展水平也相对较低。在现有的就业大背景下，相关政府部门越来越意识到创新创业的重要性，加强了对高校大学生创业的鼓励力度，并推出创业优惠政策，在这种形势下，高校开展就业创业教育则成为必然趋势。不过，很多高校因为受到传统教育思想的影响，以至于在对大学生进行创新创业教育时，过度重视理论知识的讲授，一些教师在课堂上照本宣科，这种授课方式很难培养出学生的创新创业能力，还会影响到创新创业教育的有效性。另外，有相当一部分高校大学生对于创新创业教育缺乏全面的认识，不能正确地认识到该课程的重要性，对于创新创业教育的重视度并不高，在具体的创业课程中出现消极、懈怠的现象，致使就业创业教育难以顺利开展，该教育的实效性也得不到充分发挥。

社会经验较少，风险意识不强。目前大学生创新创业最大的瓶颈是社会经验相对较少，即使大学生拥有较强的知识面及一定的理论基础和技能，但是大学生一直处在大学校园，对社会的相关环境缺乏系统的认识和该有的历练，防范、化解风险意识不强，当遇到一些困难或者比较棘手的问题时可能会经受不住压力或者显得力不从心。

缺乏创新创业知识与经营观念。许多大学生不仅缺乏创业知识，而且缺乏经营观念，即使一些大学生学习了很多创业方面的知识，但这些创业知识往往都趋于理想化，他们对创业没有感性认识，只停留在理想之中。大多数大学生都是基于自身技术上的优势来创业，并没有意识到创业是一个系统性项目，它不仅是技术上的较量，更是一场经营理念、经营手段等方面的竞争，必须具备市场营销、金融、管理、法律和风险等方面的知识，大学生经营理念淡薄，很难准确分析市场未来的发展方向，不能适应市场的实际情况。

缺乏相关政策支持。相关政府单位针对大学生的创新创业现状，出台了不少鼓励及优惠政策，借此让更多的学生参与创业实践活动，为学生的创业提供更多的有利条件，然而，有关政策与措施在具体实行过程中，存在不少问题，导致其实际效用难以得到充分发挥，一是大学生未能完全了解政府、学校政策支持；二是部分支持需要较高门槛。很多普惠性政策，同样可以带来学校、政府及创业园区的大力支持，然而很大一部分高校大学生未能享受到，包括多部门联合推出很多大学生的双创比赛，如"互联网+""挑战杯"等。

二、提高社会实践能力

创新创业教育的最大价值在于实践，其根本目的和最终归宿也在于实践，创业实践的开展又反过来激发创新灵感。实践是决定大学生创新创业是否成功的关键，丰富的实践经验有助于创新创业项目的顺利实施。

利用好创新创业课程，对创新创业知识和能力进行系统化培育。大学生创业成功的必备条件就是要有良好的创业能力和专业素养。据统计，我国大学生创业成立的公司5年内存活的只有不到30%，其中能够实现盈利的只有不到17%。究其原因，市场同行竞争、创业环境、前期承担融资能力不足等都会影响创业的成功与否。教育评估院的大数据显示，创业的主要风险因素为缺乏企业管理经验（27%），其后是缺少资金（25%）、市场推广困难（25%）。众多大学生空有创业激情，但缺乏必要的创业知识能力和创业素养也是不争的事实。许多高校单独开设或在专业教学中融入了一些大学生创新创业课程内容，大学生应充分利用好此类课程，积极探索其中知识，对创新创业进行系统化学习，加强实践与理论结合，在课堂教师创新创业计划书的基础上，与个人学科结合，在实验或日常生活中，学以致用。

学习创新创业相关知识，选择适宜创新创业的项目。仅掌握创新创业相关理论知识对大学生创业者而言是不足的，在创业教育过程中学习必须包含创业前期创办公司所需的相关金融财务知识、市场营销知识、国家地区创业政策、创业相关法律等内容（表9-1）。

表 9-1　创新创业实践能力学习目标

模块	项目	目标
基础能力提升	信息资源检索与搜寻引擎使用	1. 了解基本搜索引擎的使用 2. 掌握中文数据库，如 CNKI 数据库的使用 3. 能迅速获取有效信息
	写作技能及商业计划书撰写提升	1. 了解基本写作规范和图表使用要求 2. 了解商业计划书的结构和组成部分 3. 读懂商业计划书，并能提出修改建议
企业初创与经营综合学习	企业初创	1. 了解企业创建所需的要素 2. 明确初创企业的目标、经营理念、基本架构等 3. 团队创建，明确各岗位职责
	企业初创资源管理	1. 明确企业初创的资金规划 2. 了解融资方式与融资渠道 3. 能制订财务规划，进行融资
	初创企业运营	1. 模拟企业经营流程和环节 2. 确定企业选址和原材料采购 3. 开展产品定价和营销推广活动 4. 总结阶段性经营成果
	成长型企业商业模式开发	1. 明确商业模式的内涵和组成要素 2. 通过典型案例，了解商业模式的内容 3. 学习如何利用互联网、大数据等现代手段，创新商业模式，促进企业转型升级

脱离学校的理论和新型设备支持，学生在创业前期所要面临的技术及资金压力会非常大，仅凭个人创办相关企业实现技术转移和研发的难度非常大，所以如何选择适合自己的创业方向尤为重要。大学生创业不需要一味追求科技创业项目，应根据团队资源、自身实力等选择市场需要的可行性强的项目，包括公益创业项目、咨询服务类项目、文创项目等。

积极参与双创大赛，提升实践能力。由于学生在校期间缺乏实践平台，各部门应积极推出各类创新创业科研活动、学科竞赛等双创实践活动，包括"挑战杯""互联网+"等国家级、省级创新创业竞赛，以此激发双创活力。创新创业大赛基本模拟了一个产品的整个生命流程，包括从产品的创意提出、可行性分析到产品的市场需求分析、产品的研发设计，最后到产品功能验证、产品应用推广和售后等这一系列流程，有利于提升学生发现问题、分析问题、解决问题的能力，培养在双创层面的竞争意识、发散思维和双创精神。

实践教育是提升大学生创业能力的有效途径，参与创新创业实践训练平台，可通过创业大赛、创业实训，掌握创业机会把握和资源整合的能力；创新创业项目孵化平台，可为大学生创业者创建企业提供实践演练机会，提升实战能力。

关注政府部门相关政策，助推创新创业项目落地发展。在国家大力支持大学生创业的背景下，最终选择加入创业大潮的人数比例依旧非常低，且有回落趋势。创业是极具风险的就业方式，在当前社会舆论、家庭影响下，大学生在面临就业时潜移默化地偏向于国企、央企、事业单位、公务员、老师、医生等收入高、稳定的工作。

高校大学生应积极关注政府相关政策信息，时刻了解政府优惠政策，了解政府对创业者失败的保障制度、对大学生创业的要求、市场准入的成本及难度，熟知创业政策，享受创业者应该享有的政策优惠，保障大学生创业者的根本利益，促使大学生在高校学习和社会实践期间积累知识能力和人力资本，不断培养创新精神，强化创业意识。

寻找创业项目的资金来源，打通融资渠道。教育评估院近期的大数据显示，毕业生自主创业的资金，主要依靠父母和亲友投资或借贷和个人积蓄（78%），而来自政府资助（4%）、商业性风险投资（3%）的比例均较小。

资金是否充足将决定一个企业的可持续健康发展情况，融资能力不足、融资渠道单一化是大学生创业过程中普遍存在的问题。大学生创业者应学会寻找项目资金来源的渠道，无论是银行贷款还是减税降费，无论是国家及各地政府对大学生创业提供的专项资金补助还是学校的创业基金，无论是向社会寻求天使投资还是风险投资，都可以根据创业项目、创业者实际情况尝试，以缓解融资难的困境。

三、如何开设公司

创新创业实践中，极为重要的一环便是项目落地，即注册公司，创办一家企业。如何开办一家新企业，注册何种形式的企业，这些通常与大学生所选的创新创业项目相关。因此，了解和掌握开办企业的类型和注册公司的程序，熟悉国家及地方对大学生创新创业的扶持政策，对于大学生创新创业实践有着十分重要的意义。

创新企业组织形式的选择。大学生在选择创新创业企业的组织形式时，必须了解不同企业组织形式的特点，综合考虑自身创新创业的条件后再作出最合适的选择，这样将有利于企业组织结构的稳定和企业的长远发展。企业组织形式是指企业存在的形态和类型，根据不同的角度、不同的标准可将企业划分成不同的类型，主要有独资企业、合伙企业和公司制企业三种形式，其中公司的组织形式又可分为有限责任公司和股份有限公司。无论企业采用何种组织形式，都具有两种基本的经济权利，即所有权和经营权，它们是企业从事经济运作和财务运作的基础。

新创企业名称的选择。企业名称与自然人名称相对，作为法人公司或企业名称，该名称属于一种法人人身权，不能转让，随法人存在而存在，随法人消亡而消亡。对初创企业而言，选择一个合适的企业名称至关重要，企业名称在很大程度上影响着企业未来的发展，关系到企业的外部形象。如果企业有一个符合行业特点、有深层次文化底蕴又叫得响亮的名称，能为打造知名品牌奠定基础。

新创企业注册流程。公司注册是开始创业的第一步。一般来说，公司注册的流程包括企业核名→提交材料→领取执照→刻章,但是,公司想要正式开始经营,还需要办理以下事项:银行开户→税务报到→申请税控和发票→社保。如今,线上办理渠道更加完善和便捷,2019年4月3日发布的《北京市市场监督管理局等六部门关于提高企业开办效率的通告》显示,申请人可通过"e窗通"平台办理业务,市场监管部门1天内予以核准并向企业颁发电子营业执照,其他事项24小时内并行办理完成,企业2～3天即可具备经营条件。

成立公司后续工作。公司成立后需要承担一些费用,如税费、账户管理费等。税费,公司自成立之日起,就需要建账并进行会计核算,还需要按时向税务机关申报纳税。如果公司没有财税专业人士,就需要聘请专业的财税代理机构为公司记账和报税。账户管理费,新成立的公司必须开立公司银行账户。银行对公账户是公司资料的基本组成部分,一个企业只能开立一个与单位机构代码相对应的基本账户。通常,银行对公账户每年需缴纳账户管理费(或称为小额管理费),不同银行的手续费率不同,具体可以咨询各家银行。其他费用,除税费、账户管理费外,公司如果需要自行开具发票,则需要购置税控设备。另外,如果公司已经开通社保账户,每年还需要被扣缴欠薪保证金。因此,即使公司不发生任何经营活动,上述费用都必须缴纳。如果公司开始正常运行,还必须支付房租、水电、人员工资、网站建设等费用。不同企业的日常经营活动也有所不同。对于初创企业,创业者基本会参与公司全部的日常活动,从采购原材料、生产管理、制订价格到提供服务、监督管理员工、组织办公室工作,直至做业务记录和总结,随着企业步入正轨,企业各部门分工明确,创业者必须转换成企业管理者角色,对日常事务的参与会慢慢减少,因此,合理分配工作才是企业管理之道。

创新创业实践不仅可以丰富高等院校育人模式,也为大学生推开了新的就业大门,提供了更多就业与创业的选择。在学校打造的新的育人环境下,学生要积极响应学校政策扶持,踊跃参与,为自己的人生谋划一个新篇章!

(孟　启　崔永琪)

第十章　组建双创团队

林贤杰，1990年8月生，上海交通大学生命科学技术学院2008级本硕毕业生，2014年创办上海迈坦信息科技有限公司担任总经理，同时担任上海市全球科创中心建设智库专家、中国科技成果产业化专委会委员、科技部火炬中心特邀导师等职务。2015年，迈科技——科技创新数智化服务平台在上海交通大学创建，经过多年的探索和发展，目前已成长为国内领先的市场化、专业化科技服务机构。2020年，该公司获评"国家高新技术企业"。2021年，该公司基于大数据驱动新技术应用，入选上海市专精特新中小企业。截至目前，迈科技已在30多个城市开展创新服务，自主建设并运用区域科创管理"北辰"系统与企业科创管理"司南"系统，积累了520万家产、学、研数据及200多家合作科研院所，累计服务超过15万家企业用户，成为中科集团、中国银行、首都机场集团等一大批领军企业的技术创新服务商，在区域、产业、企业的科技创新与经济发展中全力彰显了科技服务的力量。

新时代是创新创业的黄金时代，一系列有力的政策措施，为青年学生搭建起了一个施展才华的舞台。对于青年人而言，这个新时代是不容错失的大好时代，充满着创新创业的良好契机。团队作为研究生创新创业活动的必要条件，直接影响到项目的推进和成效。培育研究生创新创业团队，不仅是推动创新创业成功的实际需要，也是全面深化高校研究生创新创业教育改革的必然要求。

研究生创新创业团队，是指以实现某创新目标或落地某创业项目为纽带，基于自愿原则，形成内在精神契约，展开相互协作且共担责任的群体。在具备创新、协作、组织等常见胜任力的基础上，创新创业团队应该具备更加综合的能力，更应该了解如何通过团队的构建和培育，充分发挥团队成员的能力，以创新为魂，全面提升研究生创新创业综合实力，以促进研究生创新创业的成功。

双创团队的构建标准

团队成员的共性特征是团队成立的"基石"。"志同道合"是研究生创新创业团队发挥作用最基本的要求，通过研究发现，有着共同愿景、价值观趋同和软实力相当是"志同道合"的集中体现。研究生创新创业团队的组建，通常存在只是为了迎合短期目标而构成暂时性抱团的问题，共同的愿景则可以有效帮助团队规避这一问题。共同愿景是指一个群体愿意为之奋斗而又具有挑战性的、召唤和驱使人们努力追求的愿望、理想和目标。共同愿景是团队文化的重要组成部分，是团队的主要发展方向，也是成员共同关切和为之努力的目标所在，它不仅包含着团队成员共同的价值取向和理想追求，而且是引导团队成员努力创新、学会创业、发挥创造潜能的动力源泉。研究生创新创业团队不同于一般的兴趣类社团或协会，团队成员创新创业的旨趣浓厚、组织性强、团队目标与成员的个人愿景一致，这是形成团队合力和团队精神的组织基础。哈尔滨工业大学紫丁香学生微纳卫星团队成员都怀揣着一个"卫星梦"，他们拥有一个共同愿景，开创了在中国由高校学子成功设计、研制、管控首颗纳卫星的先河，"紫丁香二号"纳卫星2015年在太原卫星发射中心搭乘"长征六号"运载火箭成功入轨。

团队成员的个性特征是团队发展的保障。创新创业团队的发展，需要成员间的合作，正因为成员具备不同的特征，合作才可能达成。研究发现，研究生创新创业团队成员应该在专业、思维和硬实力3个方面表现出差异。由不同专业研究生构成的创新创业团队，更有可能形成一个相互交错的知识网络,从而为促进创业成功提供多样化的知识储备。思维的差异更有可能激发新的想法,从而避免团队中产生从众心理,保证了团队决策的效果。"创新创业硬实力"是相对于具体项目而言的,如专业技术和相关技能等,团队成员硬实力协同既不会造成沟通的障碍,又满足了创新创业项目高难度和复杂性的要求。

团队断层理论为设计团队结构提供指导。团队结构是指团队成员的组成成分,早期学者主要从异质性的角度对其进行研究,随着理论的发展,团队断层的概念应运而生。团队断层解释了在团队成员多种构成特征的共同作用下,异质性团队中子团队的形成。研究发现,研究生创新创业团队确实存在断层,而不同的断层结构对团队创新创业的效果会产生不同的影响,其中低认同断层、高知识和资源断层,是最为理想的团队结构。知识断层是由教育背景、创新创业项目经验等信息相关特征的联合作用形成的,此类断层可以带来差异性的信息,从而促进创新创业的成功。资源断层则是由家庭背景、人际关系等社会资源的联合作用形成的,显著的资源断层可以使研究生创新创业团队充分利用多样化的内部、外部资源,从而提高创新创业成效(图10-1)。

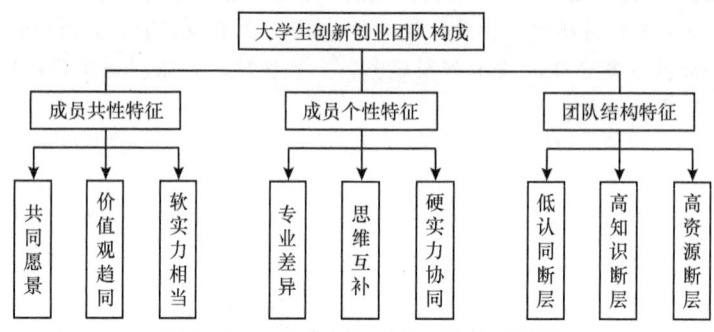

图10-1 大学生创新创业团队构成模型

双创团队的组建原则

目标明确合理。创新创业中创业项目目标必须明确,这样才能使团队成员清楚地认识到共同的奋斗方向是什么,与此同时,该目标应是合法的、合理的、切实可行的,这样才能够达到真正的相互促进、协同发展的目的。

树立共同愿景。美国著名的高等教育研究者伯顿·克拉克曾指出,学术系统是由多种多样的群体构成的,制造文化是这些群体的工作和自我利益。一个团队是否拥有较强的核心竞争力,团队文化是一个重要的软实力。优秀的团队文化能够促进成员加强合作,鼓励成员勇于创新。因此,团队负责人要加强引领,每位成员都要有主体精神,将创新创业工作和团队文化建设相结合。美国管理学大师彼得·圣吉曾指出,未来唯一持久的优势,或许是具备比你的竞争对手学习得更快的能力,其中一项重要内容就是建立共同愿景,培养成员对团体的长期承诺。团队的共同愿景是核心理念和团队精神形成的重要前提。建设合作的团队文化,在团队内部开展创新交流与知识共享,只有这样,才能产出更多的优秀学术成果和创业策划,从校内、校外获得更多的经费支持;同时应与导师加强合作,尽最大可能克服外部威胁、团队经费偏少、导师积极性有限的难题,在充分调动团队成员积极性的基础上,主动寻求导师支持,尽最大努力迎难而上,不断有新突破。建设创新的团队文化,进一步发扬团队优势,在第一个建设周期内力争取得优秀业绩,初步形成团队的特色品牌,在激烈的竞争中脱颖而出,为团队能够获得较多的社会支持奠定基础;认清形势、精准施策,克服外部威胁,利用一切可能的外部条件,发挥团队优势,力争把创新创业活动的不确定性降到最低;另外,也要营造融洽的氛围、合作的态度,鼓励创新、宽容失败,正确对待不确定性的产生,科学分析其产生的原因,为团队的可持续发展提供精神滋养。

能力互补。大学生创新创业团队成员因其得天独厚的优势,更能精准寻到在团队中适宜的角色，有利于团队成员间弥补创业目标与自身能力的差距，只有当团队成员在知识、技能、经验等方面实现互补时，才有可能通过协作发挥"1+1＞2"的协同效应。

精减高效。资金是否充足将决定一个企业的可持续健康发展，融资能力不足、融资渠道单一化是大学生创业过程中普遍存在的问题。为了减少创业期的运作成本、最大比例地分享成果，创业团队人员构成应在保证企业能高效运作的前提下尽量精减。

重视人才选聘。创业过程是一个充满了不确定性的过程，团队中可能因为能力、观念等多种原因不断有人离开，同时也有人不断要求加入。因此，在组建创业团队时，应注意保持团队的动态性和开放性，使真正完美匹配的人员能被吸纳到创业团队中来。美国女科学家朱克曼曾做过统计：在诺贝尔奖设立的第一个25年、第二个25年、第三个25年中，合作研究获奖人数分别占41%、65%和79%。可见，重大科技成果的取得越来越依赖于跨学科、跨专业的多人参与的集体性合作。要建立一个核心竞争力强的集体性合作的团队，关键策略是选聘好合适的团队成员、学生负责人及导师。团队成员的选聘，除了看其是否具备基本的显性知识外，重要的是看其是否具备创新潜质、创业意向及创新创业能力，它们构成了创新创业的隐性知识，这种隐性知识在良好的团队中才可能转化为团队和其个人创新创业的知识资本。为提升团队的影响力，应抓住外部机遇，充分挖掘内部优势，立足本学科，在全校范围内广罗优秀大学生加入团队，甚至与其他高校加强合作，适当吸引外校学生参加。随着团队规模的适度扩大，学科基础的适当拓宽，团队可相应增加多元化的创新创意方向，鼓励在不同方向进行探索，以利于大学生个性发展的需要，但要避免"冲淡主攻方向、反客为主"的现象。学生负责人的选聘，不仅要看其是否具备一般的显性知识和隐性知识，还要看其是否具备较强的团队精神与领导力。

利用学校学科优势。学校的办学特色和优势学科是团队重要的品牌资源，如上海交通大学面向新能源汽车的燃料电池制造技术创新团队、同济大学的Eco-Power车团队，均离不开各自学校相关学科新能源汽车的研发实力；北京理工大学智能地面移动机器人创新团队、苏州大学医疗康复机器人团队，都依托了各自学校优势的机器人研究学科；南京航空航天大学擅长无人机的研制，"长空"新概念无人机科技创新团队随之诞生。同时，团队的发展也离不开学校的支持，哈尔滨工业大学为创新团队设立了单片机技术创新实验室、飞思卡尔创新实验室等多个实验室，为在校生提供了良好的科技创新平台。在此，较为详细地以常州大学团队为例，常州大学金色蜀姜团队，依托该校实力雄厚的医学与健康工程学院，该学院近年来获省部级以上项目达70项，其中国家级项目23项（中华人民共和国科学技术部支撑计划1项、青年863项目1项、国家自然科学基金21项），拥有院士1人、教育部特聘教授1人、江苏省特聘教授4人、外籍教授3人，这都是金色蜀姜团队得以发展的学校与学科优势。

利用学校人才优势。相关本科生、指导教师、研究生是团队重要的人力资源，团队的人才优势基于他们在团队中的"聚变"而产生。一般而言，"单枪匹马"不可能取得创新创业的成功。团队由若干青年才俊组成，他们创新能力足、创业意识强。第二届中国国际"互联网+"大学生创新创业大赛的冠军作品"微小卫星"由西北工业大学的杨中光等11名大学生合作完成。首届中国国际"互联网+"大学生创新创业大赛的冠军作品"Unicorn无人直升机系统"由北京航空航天大学的李琛等7名大学生合作完成，亚军作品"广州优蜜移动科技股份有限公司"由华南理工大学的陈第等10名大学生合作完成。学生的创新思想不是凭空臆想出来的，往往是在导师实验室开展创新实践中产生的。

优化团队的组织结构。如今，世界发达国家和地区都对原有培养人才的体制机制进行了革新，成立了很多大学生创新中心，如美国的本科生研究办公室、本科研究机会计划（UROP）与独立活动期（IAP）；欧洲共同体的欧洲高等学校研究生院；日本的全球化COE项目和世界领先国际化研究中心建设项目（WPI）等。优化团队的组织结构，需要以体制机制创新为保障，扩充组织的横向结构，使之呈"橄榄"式团队结构，让团队的每一个成员均拥有话语权、决策参与权；创新领导方式，构建科学的管理制度、有效的评估制度，以及合理的组织结构，保证团队成员的创造积极性、增强成员互动性,以及形成团队创新创业合力,要提高团队整体的创新创业能力,还需将这些制度有效实施,构建起团队高效运行的机制;需要优化团队的内部组织结构,强化跨专业、跨年级,甚至跨学院的学生互动机制,形成良性的队员更新机制;加强实验室与校内优势学科实验室、校外著名实验室的互动,加强与其他高校的相关团队、境外著名的学生创新创业组织之间的互动机制,走协同发展之路;围绕创新创业人才核心竞争力的构成要素,创新人才培养的体制机制,显著增强人才的创新精神、创业意识和创新创业能力,迎接新一轮科技革命的挑战。

双创团队的核心竞争力

研究生创新创业团队的核心竞争力与企业的核心竞争力有着质的区别。前者是以研究生为主体的组织,是探索真知和发展自我的机构,而企业以技术创新与产品生产为主;前者所追求的是社会公共利益,而企业以追求经济利益为主要目的;前者的优势体现在高质量人才的培养,不同高校、不同团队培养的人才具有"聚变效应",而企业的优势是在与其他企业竞争中体现出来的。研究生创新创业团队与教师创新创业团队的核心竞争力也有区别。前者的成员流动性很大,目的在于受教育;后者的成员较稳定,目的在于培养人才、创造知识、服务社会。因此,唯有加强团队核心竞争力建设,建成特色品牌,形成文化传统,才能把研究生创新创业团队建成"铁打的团队",以满足"流水的学生"成长、成才的需要。

资源构成。人力资源,包括团队的学生领导、成员及其结构,还包括指导教师和相关研究生资源,一个团队领导能力的高低在某种程度上决定着该团队创新创业能力的高低;物质资源,要求拥有一定的办公和实验场所、仪器设备、图书资料等,并有相应的经费支持;品牌资源,包括团队所在大学、挂靠学院、依托学科及实验室的品牌、团队的历史及品牌。目前,很多团队的建立大多凭学生的一时兴趣或某项赛事,团队的成立是一种权宜之计,我们要力戒这种情况,使团队长久地成为培养人才的重要组织形式。

能力构成。学习能力,包括团队的学术聚焦、知识共享、人才培养能力,要求团队创新的知识点要精准聚焦,不能随着团队规模的扩大而"各自为政";同时要求团队成员之间要学会群体学习,不能"各自为战",要在团队中成长,真正学有所获。运行能力,包括组织构架、制度执行、可持续发展的能力,需要特别重视团队的可持续发展能力,团队需要学习,但不能迷信学习,不仅要求团队及其成员能够适应当下,更要能适应未来。创新创业能力,包括整体实力、学术成果、创业意向、商业策划等,在学术创新的同时,学习创业知识,如市场调研、商业策划等也是必不可少的。

文化构成。共同愿景,包括主攻方向、发展目标,不是每个团队都必须具有创新、创业这两个目标,应根据具体的内、外因素确定主要发展方向与目标。核心理念,包括团队的核心价值观和核心目的等,团队的核心理念在整个团队文化体系中居于核心地位,使团队的"基因"与众不同,有利于团队成员形成共同的行为标准,促进团队的核心竞争力。团队精神,包括融洽的氛围、合作的态度,以及对创新创业的激励及对失败的宽容等。

团队在实践中成长

明确创业目标。创业团队的总目标就是要通过完成创业阶段的技术、市场、规划、组织、管理等各项工作实现企业从无到有、从起步到成熟。总目标确定之后,为了推动团队最终实现创业目标,再将总目标加以分解,设定若干可行的、阶段性的子目标。

制订创业计划。在确定了一个个阶段性子目标及总目标之后,紧接着就要研究如何实现这些目标,这就需要制订周密的创业计划。创业计划是在对创业目标进行具体分解的基础上,以团队为整体来考虑的计划,创业计划确定了在不同的创业阶段需要完成的阶段性任务,通过逐步实现这些阶段性目标来最终实现创业目标。

招募合适的人员。招募合适的人员也是创业团队组建最关键的一步。关于创业团队成员的招募，主要应考虑两个方面：一是考虑互补性，即考虑其能否与其他成员在能力或技术上形成互补，这种互补性形成既有助于强化团队成员间彼此的合作，又能保证整个团队的战斗力，从而更好地发挥团队的作用。一般而言，创业团队至少需要管理、技术和营销3个方面的人才，只有这3个方面的人才形成良好的沟通、协作关系后，创业团队才可能实现稳定、高效地运转。二是考虑适度规模，适度的团队规模是保证团队高效运转的重要条件，团队成员太少则无法实现团队的功能和优势，而过多又可能会产生交流的障碍，团队很可能会分裂成许多较小的团体，进而削弱团队的凝聚力。一般认为，创业团队的规模控制在不超过12人最佳。

职权划分。为了保证团队成员执行创业计划、顺利开展各项工作，必须预先在团队内部进行职权的划分。创业团队的职权划分就是根据执行创业计划的需要，具体确定每个团队成员所要担负的职责及相应所享有的权限。团队成员间职权的划分必须明确，既要避免职权的重叠和交叉，也要避免无人承担造成工作上的疏漏。此外，由于还处于创业过程中，面临的创业环境又是动态复杂的，不断会出现新的问题，团队成员可能不断更换，因此创业团队成员的职权也应根据需要不断地进行调整。

构建创业团队制度体系。创业团队制度体系体现了创业团队对成员的控制和激励能力，主要包括了团队的各种约束制度和各种激励制度。一方面，创业团队通过各种约束制度（主要包括纪律条例、组织条例、财务条例、保密条例等）指导其成员避免作出不利于团队发展的行为，实现对其行为进行有效的约束，保证团队的稳定秩序。另一方面，创业团队要实现高效运作需要有效的激励机制（主要包括利益分配方案、奖惩制度、考核标准、激励措施等），只有这样，才能使团队成员看到随着创业目标的实现，其自身利益将会得到怎样的改变，从而达到充分调动成员积极性、最大限度发挥团队成员作用的目的。要实现有效的激励首先必须把成员的收益模式界定清楚，尤其是关于股权、奖惩等与团队成员利益密切相关的事宜。需要注意的是，创业团队的制度体系应以规范化的书面形式确定下来，以免带来不必要的混乱。

团队调整融合。完美组合的创业团队并非创业一开始就能建立起来的，很多时候是在企业创立一定时间以后随着企业的发展逐步形成的。随着团队的运作，团队组建时在人员匹配、制度设计、职权划分等方面的不合理之处就会逐渐暴露出来，这时就需要对团队进行调整融合。由于问题的暴露需要一个过程，因此团队的调整融合也应是一个动态持续的过程，是在完成了前面的工作步骤之后，专门针对运行中出现的问题不断地对前面的步骤进行调整，直至满足实践需要为止。在进行团队调整融合的过程中，最为重要的是要保证团队成员间经常进行有效的沟通与协调，培养、强化团队精神，提升团队士气。

（孟　启　崔永琪）

第十一章　展现青春活力

　　当今，世界正进入数字经济快速发展的时期，5G、AI、智慧城市等新技术、新业态、新平台蓬勃兴起，深刻影响着全球的科技创新、产业结构调整、经济社会发展。作为新时代的青年研究生们要不忘初心、牢记使命，肩负起新时代赋予的重任，志存高远，以矢志奋斗的实际行动书写青春篇章，努力成为堪当民族复兴重任的时代新人。

　　读万卷书，行万里路。只有刻苦学习，勤学苦读，再加上漂泊游学，学识才能够更渊博。宋代诗人陆游在一首诗中写道："纸上得来终觉浅，绝知此事要躬行。"实践是古往今来亘古不变的获取知识、涤荡心灵的途径。实践出真知，实践长真才。我们要主动去抓住每个能够提升自己的机会，"增知识，长才干"，在自己的青春赛道上跑出最好成绩。

　　中国共产党第十九届中央委员会第五次全体会议审议通过了《中共中央关于制定国民经济和社会发展第十四个五年规划和二〇三五年远景目标的建议》，为无数青年学生打开了一个多维的世界：让创新成为前进的动力，让创业成为搏击的能量，为青春拼一把、为理想搏一回，用汗水和成绩展示青春力量，用奋斗和拼搏点亮人生。创新创业实践考验的是学生的学习能力、科研能力、实践能力、领导能力、管理能力、团队协作能力及沟通能力，以及扎实的专业知识和技能。青年学生要全面了解国家和政府对大学生创新创业的扶持政策，争取得到学校对创新创业的大力支持。新一代研究生一定要趁着年轻，抓住机遇，迎接挑战，高校为每一个创新创业追梦的青年都准备了创新创业平台。创业的首要原则是学以致用，"做熟不做生"，根据自己的专业和特长找准创业方向；其次是把握新政，合理利用政策优势，这也是成功创业的秘籍之一。青年学生要努力将专业知识与创业实践相结合，让青春在创新中出彩，在创业中闪光，在实践中成长！争做有情怀、有担当、有本领的新时代青年研究生！

走进清华创客空间

　　毕滢，清华创客空间创始人，1991年4月出生，清华大学精密仪器系硕士毕业生，每颗豆创客教育创始人。在2015年3月曾代表清华创客空间给总理写信，并于五四青年节当天收到总理回信，获得国内各大媒体报道。2015年6月受韩国科协邀请参加世界科学记者大会作关于创客的演讲，2016年4月受哈佛大学教育学院邀请在哈佛中国教育论坛上作演讲，2017年8月受邀担任国际奥林匹克机器人大赛中国赛区副裁判长。

　　清华大学创客空间成立于2013年9月，为清华大学的同学搭建了一个动手创造、思想碰撞、跨界协作、创业实践的综合平台，目前协会拥有注册会员超过1500人，其中项目团队获得过中美青年创客大赛一等奖、全球创客马拉松北京站特等奖等荣誉。

　　清华创客空间秉承"动手创造、思想碰撞、跨界协作、创业实践"的社团宗旨，为同学搭建创意分享空间，建立跨界协作桥梁，提高动手创造能力，鼓励同学们发扬创新实践精神，积极创造，勇于创业。

　　清华大学浓厚的创新创业氛围离不开清华大学二十余年不断完善创新创业教育体系的实践。从一个创新想法到商业变现，对于学生创客们而言，创业过程中遇到的最大问题不仅是技术攻关和资金受限，更是没有一方能够帮助自己迅速成长的"沃土"。创客实践在清华大学"三位一体，以学为主，通专融合，多样成长"的改革举措中发挥着重要的作用，它把创客运动和创客理念引入大学中，让学生近距离地接触创客文化，与国内、国外顶尖创客共同参与开发具有原创内涵的产品，是创意、创新、创业教育的重要形式之一。

据清华大学2021年公布的数据，自2016年入选首批双创示范基地以来，学校总投资6.9亿元，组织各类双创活动近2800场，培训27万名双创学生，服务540个双创团队，孵化157个培育企业或项目，技术创新成果转让交易额达8350万元。

随着创新创业教育融入课程体系走进清华校园，可以感受到越来越多富有创新梦想的年轻人正在开启浩瀚征程。

当自己成为一名创客开始各种"头脑风暴"后，才发现原来大胆想象、创新实践的魅力如此之大。"跟自己学什么专业没关系，只要你愿意做，没有什么不可以。"清华创客空间创始人毕滢说，现在学科之间交叉融合的程度比过去更深，并且开展创新发明的技术门槛大大降低，很多工业技术都实现集成化了，如电路板、基础芯片等，于是创意的价值大大地凸显出来。

"作为一名清华创客我非常自豪。我们在自己动脑、动手的过程中发现了创新的乐趣和动力，而在不同学科团队成员的协作过程中看到了更广阔的世界。我很感谢学校培养我们的这些特质。"清华大学学生林子恒说，这里还可以享受到先进的数字化制造设备、工业级的生产加工设备及相关技术支持。

"我们的创新思维得到了学校的高度认可。清华有非常丰富的平台让学生展示自己的商业逻辑，收获的不仅是资金支持，更是一种珍贵的肯定，让你更加坚信自己能够做到。"清华大学学生曹德志说。

为挖掘、培育校内优秀创业团队、创业项目，"清华创+"发起设立了校园合伙人培养计划，通过在各院系中选拔出一批对创业感兴趣的校内同学，组织内部学习与交流活动，并开展为期至少1年的跟踪式培养，将"清华创+"成体系的创业资源和服务对接给被推荐的优秀创业项目、创业团队。截至2021年，"清华创+"入驻团队有832支，领域涵盖广泛。根据在册项目统计，"清华创+"基金累计支持了164支创业团队，基金支持项目已完成融资总额度43亿余元。

为推进创意、创新、创业"三创融合"的高层次创新创业教育，清华大学重点打造了未来兴趣团队、创客空间、X-lab、清华创+、艺术与科技创新基地等多个平台。无论学生们是否创业成功，这种创新能力和创新意识是可以影响终身的，当学子们带着这笔宝贵的财富走出校门时，他们的未来将一片光明。

清华"理工男"的青春之歌

刘晓光于2009年进入清华学习，他逐渐成为校园音乐圈中的风云人物，写歌、制作、伴奏，刘晓光成了校园歌手大赛中出镜率最高的人。2013年，面对即将开始的5年直博学习生活，刘晓光却难以遏制内心将"音乐"做成事业的渴望，他和同伴们创立了"阳光音基"音乐教室，对全国的学习音乐的少年儿童提供音乐教育。2015年的毕业季，刘晓光和校园里的音乐达人们给大家带来了一张原创专辑，一个人包办词曲创作、编曲及吉他、合成器、架子鼓伴奏等多个工种，刘晓光联合了多位校歌赛中的获奖歌手，给大家带来了他们对于校园、青春、正能量、爱情、亲情和友谊的理解，12首歌曲包括了流行、摇滚、爵士等多种风格。创业1年多来，他隐约感觉到清华在召唤着他，这个园子对他有种神秘的吸引力，"清华给了我一个平台，给了我足够的宽容与支持。"刘晓光希望回到校园，在沉淀中追寻自己的 big picture。这张用自己名字命名的专辑，更像是清华园与音乐发生的化学反应，为我们讲述了一个个年轻人在这里成长的故事。

"你听窗外花开放的声音，你看岁月脚步匆匆不停，平静书桌旁藤影荷声里，燃烧着一颗颗年轻的心……听未来的声音，2035我们一起，把青春绽放最美的花季，看祖国处处充满生机。"这首由清华大学2008级材料系本科生、2012级材料系直博生皮越洋作词，2009级化学系本科生、2012级化学系直博生刘晓光作曲，2011级材料系本科生、2015级材料系硕士生王泽胤3人联手创作的原创校园歌曲《未来的声音》，成为此次全国校园歌曲创作推广活动首批推出的原创校园歌曲之一。

一首歌曲旋律是否优美，是否能被更多人认可和传唱，作曲十分关键，可是，让一个"理工男"去搞音乐创作，这看起来似乎不太现实。其实，作为这首《未来的声音》的曲作者，刘晓光从小就酷爱音乐并与之为伴，他3岁半就开始学电子琴，9岁时已经考过了中央音乐学院的电子琴9级，读大学时，他参加了学校的吉他协会和艺术团，展现出个人的音乐才华，并在校园歌曲比赛中崭露头角。

在他看来，音乐和数学有着非常密切的联系，他说："它的节奏和和声，怎么样会好听，其实一部分我们能从艺术上去理解，有很大一部分能够从数学及逻辑上去体现出来。写出了我们年轻人的心理，表达一种感激之情吧。"

按理说，一个学民歌出身的歌手，去演唱一首通俗歌曲，在调性和风格的把握上都不太好拿捏。不过，《未来的声音》所描写的校园主题、家国情怀，歌词和旋律中充满着青春、朝气、积极向上的曲风，让他一下联想到了自己曾经的大学生活，很快找到了演唱感觉，并深深地喜欢上了这首歌曲。

"风风雨雨记录着多少浓墨重彩的画卷，潮起潮落翻滚着多少自强不息的故事。让青春拥抱阳光的色彩，用梦想浇筑最美的传奇，把青春绽放最美的花季，看祖国处处充满生机。"这些就是三位九零后清华学子想要通过这首音乐表达的内心感受。刘晓光说，作为青年学生，他们和周围的同学们都感受到新时代的召唤，迫不及待地想要参与到新的伟大的建设中来。希望将自身的命运同祖国的命运结合在一起，将青春奉献给新的壮丽事业，一起相约见证2035年新的辉煌。

"听，未来的声音，2035我们一起"，刘晓光告诉我们，歌词就是在展望未来。未来的十几年里，大学毕业生将是要去为社会的发展出力的，并且会努力去实现青年人的梦想和祖国的梦想，"进入新时代之后，大家需要有一种新的作为，新的奋发和努力，它们不仅仅是歌曲，它们实际上是一种校园文化的代表，所以在今天这个时代，我们需要用艺术的形式，或者说歌曲的形式，来传递新时代的新追求。"

活力青春创造无限可能

李潇翔，2013年湖南省湘西土家族苗族自治州理科高考状元，清华电子系本科生、直博生、工商管理第二学士学位，曾发表5篇论文，专利授权2项，系电子系团委书记、校学生会部长、葡萄酒协会会长、校辩论赛冠军，获北京市优秀共青团员、清华大学"一二·九"辅导员奖、校优秀共产党员、清华大学"电子之星"。

作为清华大学电子工程系2022届博士毕业生的他，已经拥有了新的身份：深言科技联合创始人兼首席运营官。他深耕自然语言处理领域，让技术真正造福于民，27岁的李潇翔和伙伴们，正在不断奔跑，触摸梦想的轮廓。

2013年夏末秋初，李潇翔在爸爸妈妈、外公外婆的陪伴下，从家乡一路北上，来到北京，踏入清华大学的大门。"北京是我到过的第一个省外城市。"在此之前，李潇翔去过最远的地方，就是湖南省会长沙。放下行李，家人们就去爬长城、看天安门，李潇翔则一个人在学校中报到、入住。

清华真大！这是这座校园给他的第一印象。他并没有想到，此后的9年，这座校园将不断为他开启人生新的世界。看什么都很新鲜，李潇翔像一块海绵，在清华园中拼命地吸收着养分。在完成电子工程系的课业之外，他选修了工商管理第二学士学位，参加了学校的辩论赛，学会了羽毛球、网球、击剑，还因为参加葡萄酒文化与鉴赏课程而成为葡萄酒协会会长。他积极参与学生工作，先后担任校学生会部长、电子系团委书记，还加入了思源计划，结识了很多志同道合的小伙伴。他的足迹从国内延伸到国外，去西藏调研电子产业，去长三角体验"中国力量"，去台湾调研民主制度，去东南亚了解新兴产业发展，去英国做交换生……和很多有趣的人与事产生了美好的交集，李潇翔在清华的怀抱中，无限拓展着自己人生的可能性。

清华尊重每一个学生的个性与选择，这一点，李潇翔深有感触。本科第一学期，李潇翔大部分时间都是在图书馆中度过的，期末考试，他的成绩考到了年级前十。"好像有点飘。大一下学期我就开始'浪'，打辩论、做社工、加入各个学生组织。"生活丰富了，随之而来的，是那一学期他的成绩掉到了年级70名开外。

如何平衡学习与个性发展？李潇翔一度有些迷茫。他找到了自己的"新生导师"——电子工程系系主任黄翊东。黄老师的回答令他至今难忘，"孩子啊，你要想清楚自己要什么。"李潇翔顿时坦然，"我想清楚了我要的是什么，我要在另外的地方找到所长，收获快乐。"

为师者，教授学问之外，常要给学生启发与点拨。李潇翔觉得很幸运，在成长的道路上遇到过很多这样的老师：有像大家长一样爱护他们的班主任孙甲松老师，更有让他"痛并爱着"的导师沈渊。

"我的导师有着非常高标准的学术要求，做他的学生有时还蛮痛苦的！"读博期间，李潇翔发表的每一篇文章，都是在一遍遍地打磨中完善起来的，"导师会让你改起码20遍，不断地问你创新点在哪里。"

回忆起来，这种不断的"打破"、"复盘"与思考，正好培养了李潇翔的韧性，帮助他更好地进行创业。他同样感谢导师的开明，在学业之外给予他很多自由，如创业。每一次面临选择时，李潇翔总是可以感受到，来自学校与老师给予的最大的尊重与空间，而他要做的，就是努力让自己的选择不遗憾。

岂凡超是李潇翔的合伙人、深言科技的联合创始人兼首席执行官（CEO），他们是电子工程系的本科同学，是思源13期的小伙伴，更是彼此的挚友。听涛园二楼的牛肉拉面店，是他们创业梦开始的地方。李潇翔记得，那是2021年4月底，岂凡超说要请他吃饭。"我们去了牛肉拉面店，他给我点了大盘鸡和烤串，然后就和我说了这个事儿。"李潇翔心动了，因为他很早就有一个创业梦。就这样，岂凡超、李潇翔一拍即合，依托于孙茂松教授的清华大学自然语言处理与社会人文计算实验室，他们将创业方向锁定在自然语言处理领域。

理想很丰满，市场很骨感。在与市场、与投资人的不断交流与碰撞中，他们经历着失败、"复盘"与重新再来，对于自身产品的认识也越来越清晰。今年3月，他们签下了第一笔融资协议，团队"小试牛刀"，当演示版出品的"反向词典Want words"已经拥有了40万的用户量时，李潇翔和伙伴们瞄准了更远的目标——"我们最终要打造一个信息处理的全流程平台"。几位年轻人的雄心，在于他们相信背后的团队，相信他们的"战友"。

清华大学南门外，清华科技园人来人往，李潇翔的公司就坐落于此。站在办公室的窗口俯瞰，清华园就在眼前，依托着脚下这片深深滋养着他们的土地，李潇翔和伙伴们的梦想，才刚刚启航。

李潇翔的小伙伴是他的大学同学岂凡超，2013年从山西大学附属中学考入清华大学电子系，与李潇翔成为同学，中国计算机学会（CCF）学生会员，清华大学自然语言处理与社会人文计算实验室在学博士生。研究方向为自然语言处理，已在AAAI、ACL、EMNLP等AI和自然语言处理顶级会议发表数篇论文。担任北京览言科技中心（有限合伙）、北京挚言科技中心（有限合伙）、北京深言科技有限责任公司等公司法定代表人。2020年12月，获"华为杯"第二届中国研究生人工智能创新大赛全国总决赛冠军；获2021年度人民网奖学金二等奖；2022年6月，荣获"北京市优秀毕业生（研究生）"称号和"清华大学计算机系优秀博士毕业生"称号；作为团队负责人负责的"深言科技"项目获得2022年清华大学"互联网+"大学生创新创业大赛比赛冠军。

2020年3月18日，智源论坛邀请清华大学计算机系自然语言处理与社会人文计算实验室博士岂凡超与大家分享了"义原知识库的应用和扩充"，介绍了实验室在利用义原提升自然语言处理模型性能方面做出的一些有意义的探索。此外，考虑到现有的义原知识库包含的词语（尤其是中文以外其他语言的词语）数量有限，他们也初步尝试了使用机器学习方法来自动扩充义原知识库。

"在线反向词典"项目，是在孙茂松教授指导下完成的世界首个中文和跨语言反向词典，具有重要使用价值。项目构建的万词王在线反向词典是世界首个中文及跨语言反向词典，并且其英文反向查词的性能也超过了现有的其他系统或模型。反向词典有重要的实用价值，包括解决写作时"词穷"、说话时"张口忘词"的"舌尖现象"问题，帮助语言学习者巩固和学习词汇，以及提高选词性失语症患者的生活质量。

"深言科技"项目，致力于用AI重塑信息获取，赋能内容创作，借助自然语言处理技术，帮助人们在信息爆炸的时代更快地获取有效信息，同时通过辅助创作和自动生成为人们的文字来表达提质增效，最终赋能每个普通人将脑海中的想法更快地转化为高质量内容。创始人团队来自清华大学自然语言处理与社会人文计算实验室，在北京智源人工智能研究院支持下，研发世界上首个以中文为核心的大规模预训练模型CPM和CPM-2，对标GPT-3的千亿量级参数，实现中文理解和生成能力的跃升。团队研发的世界首个中文及跨语言反向词典"万词王"，两度登上微博热搜/B站热榜，目前日活跃用户数量2万余人；已获得英诺天使、奇绩创坛、水木清华校友基金等机构的千万元级天使轮融资。

2022年3月17日，岂凡超和李潇翔二位同学在北京市海淀区联合创立北京深言科技有限责任公司，岂凡超任董事长兼总经理，李潇翔任首席运营官，公司孵化自清华人工智能研究院、清华大学自然语言处理与社会人文计算实验室（THUNLP）、北京智源人工智能研究院。核心成员来自大模型国家队——智源悟道大模型研发团队，产品已拥有数十万用户。公司致力于用最前沿的AI和自然语言处理技术，尤其是大规模预训练模型技术，为个人和组织系统化重塑文本信息处理全流程，通过文本摘要、语义检索、信息抽取等技术在信息爆炸时代提高信息获取的效率，同时通过可控文本生成、素材自动推荐、文本校对和风格检查实现文本内容创作的提质增效。目前公司已与包括国务院某部委在内的大型机构达成数百万元项目合作意向。

青春休学卖衣创造传奇

刘光耀，1995年出生于山东，2013年以山东省文科第2名的成绩考入北京大学光华管理学院，大学期间曾任北京大学学生会副主席，后被保送至清华读硕士。2017年，刘光耀拿到了第一笔融资70万元休学卖衣服，为时尚品牌伯喜（bosie）的创始人，担任杭州伯喜服饰有限公司、伯喜（北京）文化传媒有限公司、杭州伯平服饰有限公司等公司的法定代表人。2020年，伯喜年销量过亿，2021年伯喜年销量达7亿，荣登2020胡润30岁以下创业领袖榜，2021年又入选2021胡润U30中国创业领袖名单，成了无数青年创业者的偶像。

创业，"九死一生"是社会共识。刘光耀在清华读研期间，主动休学创业，不免让许多人大吃一惊。世间之大，无奇不有，总有些人和普通人不太一样。九五后山东小伙刘光耀作出了惊人的创业选择。

在刘光耀的认知中，北大清华的学习经历仅仅只是他人生的一个旅程而已，而他真正的梦想并不在这两座学府之中，所以在他读完了北京大学本科，攻读清华大学硕士研究生之时，作出了让所有人瞠目结舌的决定，休学创业卖衣服，后来年销破亿，成为所有人眼中的"光耀"。

2013年，刘光耀考入北京大学光华管理学院，大学期间曾任北京大学学生会副主席，后被保送至清华大学金融专业攻读硕士研究生。在清华大学读硕士研究生时，刘光耀辗转反侧失眠了3天，他发现，自己如果再不创业，做什么都提不起精神。一时间，刘光耀迷茫了。决定易下，道路难行。休学创业后，考验和艰难接踵而至。前期为了节约成本，他搬出学校在服装工厂附近租房。公司同事们更是使尽浑身解数：买床太贵，便买睡袋；可好的睡袋还是贵，便到咸鱼买二手的睡袋。

一天天地打地铺下来，团队成员都落枕了。比起摸不准的投资人，身体上的辛苦对刘光耀来说不值一提，公司融资最忙的时候，刘光耀每天要把同样的话讲上三四遍，两周内需要见 30 个投资人，北京、上海到处跑。有时，投资方也会给刘光耀一点希望，他们和刘光耀保持联系，也不时会给一些信号，但最后却没有了下文，这比直接拒绝更让人痛苦。

"有时候确实会觉得特别心累。"在那期间，有一位投资人和他谈妥了数百万元的投资，但在签协议的前一天，投资方突然撤资，对于一家初创公司来说，这简直是晴天霹雳。刘光耀一下子迷茫了，他第一次萌生了放弃的念头。"我不知道事情为什么会变成这样，我甚至有些怀疑自己，怀疑人生。"找不到投资，找不到合作伙伴，最后，刘光耀只能求得父母的帮助，得到了几十万的启动资金，联系了曾经的同学与刚刚从服装学院毕业的张宇浩。三个年轻人一拍即合，用梦想支撑开启了伯喜之路。他们运用资金做出了设计图及样衣，成功取得了 3 家公司的投资，之后又将品牌命名为伯喜，体现了其无性别的品牌概念；同时，为产品选择了线上销售的模式，以期能快速发展起来。然而，事情并没有按照他的预期发展，品牌上线两个月销量额依旧是 0，随着资金的逐渐消耗却没有任何的收益，无数的努力与心血即将付诸东流。在身体与精力的双重重压下，一场感冒就令刘光耀卧床不起，并且病情反复不能痊愈。就在此时，天猫推出了新品牌扶持计划。"久旱逢甘霖"，伯喜通过重重的考核，以全新的面貌在天猫重新上线，刘光耀的病情也得到好转。2018 年 5 月 9 日，是伯喜品牌的新生，也是刘光耀事业的新生。上线当月，伯喜就获得了 60 万的销售额，7 月的销售额就破了百万，到年底，营收更是突破千万。

披荆斩棘终见彩虹。为了保持伯喜的发展路线，刘光耀吸纳人才，维持品牌创新，仅仅一年，伯喜销售破亿，那个可怕的"0"时代已被刘光耀彻底地甩脱在了岁月的流逝中。2020 年，伯喜经过了 2 亿元的 A、B 轮融资，并获得了 B 站的投资。这个九五后的年轻人正带领着一批有梦想的年轻人为年轻人的消费市场贡献着青春与热血。2021 年 6 月 27 日，刘光耀在上海成立了他的超级实体店，经营面积达 2000 平方米，从设计到服务均有其独特的特点，之后的经营也取得了很大的成功。在具体的运营中，刘光耀也遇到了很多的难题，首当其冲的就是员工的问题，一个后辈老板与前辈员工、新老设计与经营观念的冲突，使得刘光耀的公司人员一直处于变动之中，为了减少内耗，他至少换掉了 5 位供应链负责人；而且在他的公司中，还没有作出一个太完整的前瞻性规划，甚至在之前，连预算与目标的概念都很模糊，但刘光耀却用着"不太成熟的 CEO 管理方式"将伯喜散养成了年销售额破亿的优质品牌，刘光耀本人也因此获得了创业领袖的殊荣。2021 年，伯喜的年销售额已达到 7 亿元，天猫粉丝已近 400 万，困难总是路过，但是初心不改，水火皆不能阻。伯喜已成为年轻人的风向标，虽然不知其能持续到几时，但我们都不会忽略一颗"年轻的心"为世界带来的色彩。

刘光耀从小学习成绩就很优秀，北大本科生，清华研究生，但在其读研过程中他感觉并不轻松，除了课程压力之外，还有各种论文设计，刘光耀被逼得喘不过气来。谁都不会想到，这个少年会选择休学创业。作为一个九五后的年轻人，他和大多数人一样在经历着迷茫和焦虑，但是刘光耀从来没有放弃，就和他的名字一样，始终闪耀着、燃烧着。伯喜在他的带领下，不断地向着更高的"山峰"进发，而刘光耀自己也在一次次挑战中越发成熟，正如他自己所说的那样，没有不死的品牌，可真正永远不死的，是少年的心。

奋斗的青春造福人类

林腾宇，清华大学机械系 2018 级博士生，弘润清源（北京）科技有限责任公司创始人，一名从事科研成果转化项目的青年创业者。2019 年 6 月林腾宇加入启迪之星孵化器，2020 年 9 月入选清华大学校长杯创新挑战赛十强，2020 年 10 月，荣获 2020 大学创业世界杯全球总决赛"联合国 75 周年特别奖"，中关村 U30 年度优胜者；2021 年入选 2020 清华大学学生年度人物，获联合国开发计划署（UNDP）青年创客挑战赛成长组总冠军，入选"创世技"颠覆性创新榜，获第十二届

"挑战杯"中国大学生创业计划竞赛全国决赛金奖、第七届"创青春"中国青年创新创业大赛国赛银奖；为"弘润科技"项目负责人，获2022年清华大学"互联网+"大学生创新创业大赛比赛亚军。

典型的高校科研成果转化项目如何推进和衍生继而实现产业化和商业化？在林腾宇看来，一个技术从实验室阶段走到产业化和商业化阶段一定会遇到3个阶段的问题。

第一个阶段性困难是产品样机如何可以量产？做基础研发和产品研究有时候是两件事，做基础研发的时候，科研工作者会设置种种的边界条件，在这些边界条件下进行性能的优化和迭代。产品研究需要将基础研发进行放大，这时候就要对这些设置的限制条件和边界条件做减法，在这个过程中，90%以上的科研成果和科技转化会遇到实质性的阻碍，"这个过程我们大概走了3～4年，现在基本上走完了。"

第二个阶段性的困难是产品样机到商品的转化。在与市场需求对比的过程中，90%以上的产品样机会变成一个不一样的东西，会做很多的删减和改变，"我们这个过程也走了大概1～2年的时间。"

第三个阶段的困难就是能够把一个合格的、能够拿给用户用的产品，做成一个大家感觉好用，并且能产生持续性价值的产品。这需要考虑在普遍竞争的状态下，将商品进行有效的差异化。在这个过程当中又有90%以上的想法或者原生的概念会发生变化，"这个过程我们现在还在走，而且还没有走通。"这是林腾宇团队目前创业阶段的困难，不过他还是很有信心，"作为中国顶级高校出来的顶级科研成果，相信我们能够走通这个过程。"

2020年6月，林腾宇在北京市海淀区创建了弘润清源（北京）科技有限责任公司（以下简称弘润清源），这是一家以先进功能纳米材料赋能多行业场景的科技型企业，以石墨烯超快吸湿材料等为创新方向，致力于为解决全球人类净饮水短缺、能源短缺和全球变暖问题提供创新解决方案，以赋能全球人类的美好生活和解决人与自然的环境危机作为企业的使命与价值导向，是专注于解决人类净饮水难题的时代先锋者。

创始人林腾宇说，自博士入学以来，他就选定了光热界面净水这个课题组作为深耕领域，通过仿生和智能制造的手段，在博士课题上作出了较大的性能改善，将光热净水通量性能不断推进，从而使项目在材料和系统方面都作出了较大的创新。伴随着课题组产业化的不断推进和迭代，2019年12月，林腾宇作为团队创始人，与导师和团队反复沟通，一致认为研发的技术已经到达产业化的临界点，这个时间点适合做技术的商用化，让这个项目真正惠及天下。

作为青年创业者，应该学会适应社会大环境，虽然创业之路很艰辛，但在不同的环境下，必须学会迎难而上。

今年前半年受形势所困，弘润清源的团队成员在家中进行样机测试。通过千余次的实验测试和迭代，最终利用极低的能耗极为高效地净化出了纯净水。

"当我们将水质测试仪和电耗表进行记录的那一刻，我感受到了莫大的喜悦和欢欣，那种幸福度是极为真实的质感。我在想这样的使用条件是真的可以做到好用并且全球通用，真正能让人类文明往前迈过饮水危机的解决方案。"林腾宇介绍，这样的水质和成本，人均GDP1000美金以下的国家的底层人民都用得起。

这件事发生在团队因为特殊情况而被困家中进行实验，进度和产业化进度无疑会受到制约和影响，能有这样的成绩，无疑给他们带来了巨大的激励和鼓舞，更坚定了他们走下去的决心和动力。

受2020年特殊情况影响，团队在商业化推进中受到了很多困难和挑战，通过努力适应和克服，团队已经逐渐将公司运营导向正规化和高效化。

2022年6月23日，公司向埃塞俄比亚南方州5所小学捐赠了空气制水机，由中国乡村发展基金会（原中国扶贫基金会）埃塞俄比亚办公室召开空气制水机捐赠试点项目仪式。

这批插电即可从空气中吸收水分、制取可饮用水的空气制水机是弘润清源专为埃塞俄比亚定制开发的。每台空气制水机每天可制造 100 升清洁饮用水，满足 100 名学生一天的饮水需求，且因水源来自空气，能够实现无污染、零排放。

弘润清源已在非洲吉布提国际展示中心联合招商创库、中非民间商会等 9 家机构、企业联合挂牌，以期将空气制水设备推广到非洲其他地区，该项目核心技术来源于清华大学教授团队数年积累的科技成果转化。

学术赋能，逐梦青春

谈国禹，江苏省启东中学毕业，曾获第二十六届全国中学生物理奥林匹克竞赛决赛金牌，被保送到北京大学物理学院，在北京大学完成了物理和计算材料学专业的本科及硕士研究生学业，大学期间在国际顶级学术期刊上发表多篇专业论文。2018 年谈国禹硕士毕业后自主创业，2019 年创办北京砥脊科技有限公司，目前担任北京砥脊科技有限公司、深圳元到科技有限公司和嘉兴砥脊科技有限公司法定代表人。谈国禹在 AI 领域进行了数年的深入研究，2019 年获北京大学深圳研究生院筑底空间第二届好项目大赛二等奖，2019 年在第五届中国国际"互联网+"大学生创新创业大赛北京赛区总决赛中获得一等奖等。

千百年来，先贤哲人们给我们留下了许多灿烂辉煌的精神财富，如今，我国山河无恙、国泰民安，我们生活在一个科技进步日新月异的时代。随着年龄的增长、阅历的丰富、情志的提升，作为新时代青年学生，我们要勇于承担社会责任、积极回馈社会、肩负起更多的社会责任。我们应该怎样做才能成为最好的自我呢？"在机缘巧合之中，创业就像一束光洒进了我的生活。"北大学生谈国禹说。

谈国禹在北京大学攻读研究生时参与了国家重大专项"材料基因组+全固态电池"的研究，在研究过程中学习了用 AI 的方法预测新材料的前沿技术。开始时，谈国禹投入大量的时间和精力学习 AI 技术，在学习 AI 在材料科学的应用时，他发现 AI 技术应用极其广泛，几乎可以应用到现有的任何学科研究中。这时谈国禹就萌生了一个想法，为什么不能研发一个像简化 DOS 操作系统的 Windows 图像操作系统那样，可以简化 AI 操作的系统？这样各学科的研究者们就可以像通过 Windows 使用电脑一样，简单便捷地操作 AI 技术，在极大地降低使用 AI 门槛的同时，还可以用 AI 算法和大数据赋能学术探索前沿。

谈国禹开始着手设计「AI for Science」的雏形，「AI for Science」的设想是一个为研究者提供图形用户界面的 AI 工具系统，研究者通过一拖一拽 AI 图形模块就可以自行设计 AI 项目，这样科研人员就不用再花 1 年的时间学习 AI 技术，从而能更快、更多地作出科学突破。

带着这个想法，谈国禹开始在北京大学创业中心创业，渐渐地，「AI for Science」的想法吸引了更多北京大学 AI 交叉学科出身的硕、博士同学们投身到这项事业中来，结合创始团队的学术经历、研究经验和技术掌握，凭借团队内学生的学术和技术"基因"，在用 AI 技术赋能科研的道路上上下求索。

自 2014 年起，国际上 AI 与各学科的前沿交叉研究一直保持着高速增长态势，AI+制药、AI+生命科学、AI+新材料、AI+环境、AI+医疗、AI+金融等的交叉研究发展尤为迅速。目前全球 1%～3% 的非 AI 领域学科已选择 AI 技术进行交叉学科研究与创新，并在科研论文中用 AI 技术来描述、记录和传播复杂系统的规律体系。保守预计，未来 10 年内，全球有 25%～40% 的非 AI 学科研究将会和 AI 技术结合。

全球学术领域对 AI 交叉研究的关注并不是简单意义上的热点追逐，究其根本在于——AI 模型本质上是一种适应于复杂系统的规律体系的记录、存储和传播方式。数据时代的到来对科学提出了新的要求：不能如同数据匮乏时代时那样对现象作出高度抽象和单一解释，而是要用大量数据对现象作出高度仿真的数字模拟和分析。相应地,这就对数据分析和规律记录方式提出了新挑战:过去"公式+文字"的规律记录方式已不适用于大数据的复杂系统,因为这种方式无法完整、准确和易于传播地表述复杂系统研究中的规律,而"AI 模型+文字"则正是复杂系统研究规律记录、存储和传播的完美解决方案。这也是学术界热衷于进行 AI 交叉学科研究的根本原因之一。

AI 技术在数据时代的科学中承担着规律记载的基建作用,随着 AI 技术的不断发展,以及科研数据量的不断积累,AI 技术将成为未来科学不可或缺的基础组成要素,承担着记录、存储和传播数字孪生和模拟时代下复杂系统的规律。所以,谈国禹团队立志要通过「AI for Science」平台建设"科学 AI 模型"基础设施,为中国未来的科学发展添砖加瓦,实现一个学术创业团队的报国情怀!

从小到大,谈国禹就特别喜欢挑战,热爱思考,尤其享受一种不断自我觉醒的过程。创业能打开更大的空间去发现身边更有趣的事情,去应对更多的挑战。相比于其他项目,创业对于他而言更像是一次挑战。在这个不断迭代的市场,创业的美妙之处就在于它需要你能够孤注一掷、义无反顾地深耕于某一个行业里,恰恰这种需要长期投入的本质,导致很少有人能够坚持去创业,同时还能够达到一定的状态,真正地去回馈社会。一次好的创业的前提就是能够知人善用,谈国禹很庆幸,遇到的创业小伙伴们都是发自内心地去热爱、去认可创业这件事情,面对挑战时,大家都会凝聚起来,不会退缩,成为彼此最坚实的后盾。挫折与挑战也是对团队最好的馈赠,只有通过不断地历练,团队才能打磨得更好。

贡献新知与科研,奉献实际与家国

程宇豪,南京大学化学学士、药学博士,江苏君隽生物科技有限公司主要创始人之一,现任执行董事。他的研究成果"基于生物材料为载体的纳米药物基础研究"获 2020 年度高等学校科学研究优秀成果奖(科学技术)一等奖,曾获第十四届"挑战杯"全国大学生课外学术科技作品竞赛特等奖、2015 年度中国大学生自强之星十大标兵、第十届中国青少年科技创新奖、2018"创青春"全国大学生创业大赛金奖、2018 年度南京大学青年五四奖章、第三届"南京青年创业潜力新星",并入选 2021 福布斯中国 30 Under 30 榜(科学和医疗健康)。

程宇豪,1994 年出生于四川绵阳,从小的梦想就是成为一名科学家,尤其在亲历了 2008 年"汶川大地震"之后,他看到了生物医疗技术对于抢救生命、造福社会的重要作用,更加坚定了科学报国的理想信念。经过高中三年的奋斗,他最终以全国化学竞赛一等奖的优异成绩保送进入南京大学化学化工学院,并入选"拔尖计划",入校后他申请加入南京大学药物开发研究所,开始从事癌症治疗、创面修复等领域新型药物制剂的研发和转化工作。

"那个时候实验室离上课的校区很远,我每天耗在往返通勤上的时间就要两个多小时,但一想到能够做自己想做的事情,我就乐此不疲。"程宇豪说。这一坚持,就是 9 年的时间。9 年里,程宇豪从一个初入大学的本科生,变成了一个学术基础扎实的在学博士生,又成为一家医疗行业企业的创始人。年少时立下的誓言,他正一点点实现。

恰逢 2018 年"创青春"全国大学生创业竞赛,创业之心已经难以抑制的程宇豪趁此机会,在学校各机构的辅导下,一点点打磨自己的项目,一遍遍修改自己的创业计划书,以自己在皮肤疾病治疗制剂领域的学术优势,开发出基于菌群的皮肤护理品,一举夺得了南京大学历史上第一个"创青春"大赛全国金奖。

创新创业本身是一件风险很高的事情,新药研发更是"九死一生"。程宇豪告诉记者,新药研发的创业者通常是全球知名药企和高校出来的资深专家、高管,而自己这个"新兵蛋子"要去跟他们做一样的事,而且是没做过的事,甚至必须要比他们做得更好——一开始他都很难说服自己、相信自己。

"我必须对投资人、同事和自己创办的企业负责。"在家人的支持、长辈的鼓励和同事的信任下，程宇豪变得越来越坚强，他明白自己并不是一个人在孤军奋战。艰苦奋斗之下，程宇豪把公司从一个不到15平方米的小办公室，逐渐做成了拥有300平方米研发及办公场地，多条产品管线的江苏省科技型中小企业。不仅如此，创业期间程宇豪还先后获得了"创青春"全国大学生创业大赛决赛金奖、"赢在南京"南京市创业大赛一等奖等荣誉。

　　"在栖霞创业，是一个正确的选择。"程宇豪说，仙林很美，马路宽敞不堵车，停车容易，公共交通方便，生活成本也不高，此外，周边高校云集，招聘方便，除了公司所在的生命科技园之外，还有南大科学园、仙林智谷、红枫科技园等园区，来此创业的人会遇到很多志同道合的朋友。

　　程宇豪的核心技术是自主研发的基于微生态的组织修复技术，可以针对性改善慢性炎症、愈合困难、细胞缺氧等症状。基于这一技术，公司已经开发了适用于慢性创面治疗及眼干燥症治疗的创新药品，在国内外均为首创。

　　"今后三年，我们会针对皮肤、眼科、创伤修复等领域尚未解决的问题坚持做好原始创新，筑高核心技术壁垒。坐标南京，快速发展，成为创新药领域的下一家独角兽企业。"对未来的发展，程宇豪充满了信心。

仰望星空，脚踏实地，光芯片测试重器中国造

　　傅剑斌，南京航空航天大学通信与信息系统博士，苏州六幺四信息科技有限责任公司联合创始人、总经理，曾获"挑战杯"中国大学生创业计划竞赛金奖、日内瓦国际发明展特别金奖、第十九届中国国际工业博览会银奖、中国江苏创新创业大赛二等奖、江苏省首台（套）重大装备认定等多项国内外荣誉。

　　傅剑斌来自浙江的商人家庭，周围的同龄人大学毕业后多选择了继承家业，但他却选择了攻读硕博。在实验室科技管理过程中，他发现实验室承担的国家"973"、重大预研基金等重大科研项目，总经费上千万元，其中80%以上的预算都用于购买动辄上百万元的信号分析仪、示波器等关键测试设备，而由于国内找不到合格的本土供应厂商，最终全部选择了国外厂商。傅剑斌意识到这个问题后，便暗下决心，一定要"做出中国人自己的关键测试仪器"。

　　2011年，在国家"973"重大专项"光子集成芯片"课题研究过程中，傅剑斌和他的博士同学们发现，如何精确测试这些芯片的幅度参数和相位参数，是探索芯片机制、提升芯片性能的关键。然而，当时能够测量这些参数的仪器设备，都掌握在一家美国公司手里，而且这家公司的高端产品对中国禁售，非禁售产品的售价高达数百万元，更困难的是，即便用该公司的产品进行测试，也无法得到高分辨率的幅度参数和高精度的相位参数。

　　在导师潘时龙教授的带领下，课题组立项攻关芯片测试技术，目标是形成一套面向产业化应用的光矢量分析设备，测量光器件的幅度和相位参数。经过3年的技术积累，到2014年，团队基本上攻克了该技术从研发走向产业应用的三大技术难点，开发了光频梳通道化技术、平衡光电探测技术和新型电光调制技术，公开发明专利27项，授权14项，形成了完整的自主知识产权体系。2014年获批国家自然科学基金重大科研仪器研制项目——"超高分辨率光矢量分析仪"，这也是南京航空航天大学历史上首个国家重大仪器专项。此后，项目进展迅速，傅剑斌和团队小伙伴们研制成功了第一代样机"超高精度光矢量分析仪"，和美国公司的产品相比，测量分辨力高达1fm，提高了1600倍，相位精度为0.005rad，提高了10倍。样机的所有指标，都通过了"国家光电子一级计量站"的检测认证。2015年底，这些创新成果受到了南京航空航天大学大学生创业孵化中心和团委的高度关注。在学校的鼓励和支持下，响应国家对青年大学生创新创业的号召，傅剑斌以国家重大仪器专项团队为基础，创立了苏州六幺四信息科技有限责任公司，以"突破垄断，实现OVA技术自主化和产业化"为使命，开发和生产可商用的超高分辨率光矢量分析仪，于

2016 年,先后得到"常熟市科技创新创业领军人才计划(A 类)""姑苏创新创业领军人才专项"等政府科技项目支持,正式开启了产业化的征程。

从实验室样机到市场化的商用产品,设备工艺差别很大。傅剑斌带领技术团队,走访考察了各大供应商,为仪器零部件选型;带领团队开发设备软件,为用户设计简洁、快速、好用的交互界面。2016 年 3 月,公司第一代核心产品"超高分辨率光矢量分析仪"定型,形成了自己的制造工艺,成功踏出了实现梦想的第一步。

两年间,傅剑斌奔波于全国各地的研究所、高校实验室和企业生产线,为目标客户进行仪器测量演示,免费为其提供测试和租赁服务,只求在客户的使用反馈中找到仪器存在的技术漏洞。到 2017 年 10 月,傅剑斌和他的团队完成了超高分辨率光矢量分析仪的第三代商用型号的迭代。

为了进一步推广市场、打磨团队,傅剑斌带着小伙伴们积极参加创业大赛。2016 年 7 月,创业项目"超高分辨率光矢量分析仪"获"赢在苏州"海外创业大赛苏州总决赛前十强;11 月,创业团队获得"创青春"中航工业全国大学生创业大赛金奖、第十届"挑战杯"中国大学生创业计划竞赛金奖。2017 年 3 月,创业项目获工信创业奖学金一等奖;当月,傅剑斌携产品赴瑞士参加"日内瓦国际发明展",获大会最高奖项特别金奖;4 月,获"第一届中国欧雷奥光电精英赛"三等奖;8 月,获"第五届中国江苏创新创业大赛"二等奖;9 月,获第三届中国国际"互联网+"大学生创新创业大赛江苏省金奖、全国银奖;11 月,创业产品获"第十九届中国国际工业博览会"银奖;同年,获得了"创业南京"青年大学生创业项目"特别优秀项目"。

2018 年,美国公司的高端仪器设备开始对华为、中兴、中电集团等中国用户禁售,停止所有售后服务,其中也包括光矢量分析仪器设备。六幺四科技的产品成功实现了进口替代,被海思光电子有限公司等被贸易战波及的用户采购,解了这些用户测试线和生产线上的燃眉之急。

2019 年,中国仪器仪表协会组织专家组对"超高分辨率光矢量分析技术及应用"进行技术鉴定,以祝世宁院士为主任的专家组对项目给予了高度评价,形成鉴定结论:"该项目形成了全新的光矢量分析技术,属于国际首创;基于该技术研制的仪器关键技术指标达到了国际领先水平;仪器已获得了重要应用,取得了显著的经济和社会效益。"同年,该项目获江苏省科学技术一等奖。

截至 2020 年 6 月,公司产品已应用于包含上市公司在内的数十个用户,47 种高端光器件的研发和生产,其中 31 种实现了量产,在我国新一代光通信系统、大数据云计算系统、新一代战机、新型预警雷达、舰载雷达和电子战系统中发挥着稳定的作用,有力支撑了我国核心光器件的自主可控和原始创新。

傅剑斌坚信,凭借公司的技术优势、市场优势和产业优势,自主研制产品将渗透到光器件产业链的每一端,最终通过强化核心竞争力逐步走向世界,推动全国乃至全球光电产业升级,为祖国核心光电元器件自主化贡献一份力量。

闪亮的青春日子

张天资,复旦大学(简称复旦)2017 级信息科学与工程学院硕博连读生,RoboWay 团队创始人,上海莱陆科技有限公司创始人兼 CEO。就读复旦大学的 4 年中,张天资在保证学业成绩的前提下,带领团队潜心钻研机器人和物联网技术及产品研发,申请知识产权 113 项(58 授权、55 受理),成功完成了科研成果产业化,团队研发的"感控消毒机器人"服务于 2020 年全国人民代表大会和中国人民政治协商会议;"物表全覆盖智能雾化消毒机"入选上海市教育委员会推荐目录。

张天资 2017 年本科毕业于山东大学,经推荐免试来到复旦大学读研。硕士就读期间,张天资选择可以让机器人实时构建环境地图并获取定位信息的"视觉 SLAM"作为研究方向。2018 年初,复旦大学校园加强交通安全管理,外卖配送员进入邯郸校区后均需集中停放电瓶车,之后步行送餐至学生宿舍,这项规定出台后引起了部分外卖配送员的不满,在订餐高峰期出现过配送员拒绝接单的极端情况。为了更好地解决校园交通安全和外卖配送效率之间的矛盾，张天资从 SLAM 技术的实际场景化运用构想中获得灵感，并加以优化创新，决定研制一款校园无人配送机器人，与外卖平台连通，这样配送员就不必进入校园，只需在门口将外卖放入机器人储物箱后便可离开。这样的机器人，如果研制成功并推广，不仅可大幅提高校园外卖配送效率，而且将为保障全国校园交通安全作出贡献。

张天资的这个想法很快得到了他的硕士生导师商慧亮副教授的支持，并在其指导下顺利地作出了项目计划书。在四处寻求投资碰壁之时，商老师又向张天资推荐了时任复旦大学信息学院院长的郑立荣教授。2018 年 5 月 3 日下午，张天资带着简历和项目计划书，如约见到了郑立荣教授，经过 3 个多小时的论证分析，郑教授被张天资的项目意义和前景打动了，当场答应全力支持项目启动。得益于复旦大学良好的科技创新氛围，在两位教师的鼎力支持下，复旦大学无人配送机器人项目迅速启动，RoboWay 团队成立。从想法产生、筹集资金、最终项目启动只用了不到 1 个月的时间。

2018 年 9 月，在郑立荣教授、商慧亮副教授等教师的支持下，第一代无人配送机器人 RoboWay R1 完成首单校园配送，并亮相世界 AI 大会。在复旦大学创新创业学院的支持下，项目获得了泛海基金的资助，大幅加速了产品化进程。

RoboWay 项目于 2019 年初顺利完成成果转化，成立了无锡复创机器人有限公司及其全资子公司上海莱陆科技有限公司，并获得复旦大学无锡研究院下属全资子公司江苏复晖信息科技有限公司的天使投资。2018 年底，张天资硕转硕博连读考核通过，师从郑立荣教授。2019 年初 7 月，第三代无人配送机器人"蓝朋友"发布，校园代跑腿无人配送平台上线。

2020 年初，公司的生存和发展出现了问题，所幸得到了学校对创新创业团队的跟踪关心和支持，团队再一次获得新的希望。2020 年 2 月，在信息科学与工程学院和工程与应用技术研究院的指导下，张天资带领团队启动了感控消毒机器人的研发，得益于 3 年来扎实的技术积累，团队只用了 43 天时间，就研制出第一代"可升降紫外 + 超声干雾复合消毒机器人"，并在 2020 年全国人民代表大会和中国人民政治协商会议期间承担部分日常消毒任务。

2020 年 8 月，在阜阳复旦电子信息联合创新中心的孵化下，消毒机器人项目成功落地阜阳复旦科技园，投入生产。随后，在复旦大学和阜合现代产业园的指导下，张天资团队的目标和业务进一步拓展：基于机器人和物联网技术积淀，以创新科技助力国家卫生健康体系现代化建设。

2022 年 4 月，拥有研制消毒机器人经验的张天资团队研发成功了"物表全覆盖智能雾化消毒机"，上海莱陆科技有限公司量产，快速、有效地解决了人工消毒带来的效率低、消毒不充分、消毒剂浪费、人力消耗大等问题。随后这款物表消毒机以其高性价比、稳定实用等优势成功入选上海市教育委员会推荐目录。张天资带领上海莱陆科技有限公司捐赠了价值 37 万的物表消毒机和消毒液，尽其所能，以拳拳之心回报学校和社会。

2022 年 5 月，在阜阳合肥现代产业园的大力支持下，1000 平方米的莱陆阜阳生产基地（一期）启动施工，Pre-A 轮融资也即将结束，上海莱陆科技有限公司的发展从此进入快车道。从解决校园送餐小问题出发到现今回馈社会，上海莱陆科技有限公司的发展进入了新的阶段，张天资将继续带领团队在"卫生健康数字化"领域研发更多物美价廉的智能设备，提供智能高效的数据服务，积极响应《"十四五"医疗装备产业发展规划》的号召，以创新科技助力我国卫生健康体系的现代化建设。

九零后青年的科技报国梦

史晓刚，1990 年 11 月出生于天津，北京理工大学本科、博士，正高级工程师，北京枭龙科技有限公司（简称枭龙科技）创始人、董事长兼 CEO，入选国家"创新人才推进计划"，获全国"挑战杯"全国大学生课外学术科技作品竞赛一等奖、中国青年创业奖、全国五一劳动奖章、北京青年五四奖章,入选全国最美基层高校毕业生、北京市优秀青年人才、北京市劳动模范、北京市科技新星、中关村"高聚工程"创业领军人才;入选福布斯亚洲"30位30岁以下杰出青年",并荣登福布斯杂志封面;当选中华全国青年联合会委员、中国共产主义青年团第十八次全国代表大会、中国共产主义青年团北京市委员会委员,承担北京2022年冬奥会火炬手。

史晓刚,带领研发团队,致力于增强现实(AR)技术研发和产业化,攻克AR领域"卡脖子"关键技术,打破了国外技术垄断。在他和团队的努力下,完成多项AR核心技术突破,巩固了我国在AR产业的先发主导优势,推动了我国AR产业光学显示、虚实融合等技术的快速发展,提升了我国AR产业在国际市场的核心竞争力,为我国的经济和国防建设提供了强有力的技术支持。

枭龙科技正是一家专注于AR核心技术及产品研发的国家高新技术企业,史晓刚是这家公司的创始人,曾就读于北京理工大学电子科学与技术专业,他大学期间便热衷科学研究,喜欢鼓捣一些新奇的电子产品,作为团队负责人参加"挑战杯"全国大学生课外学术科技作品竞赛并斩获一等奖,这为他日后投身科研、自主创业埋下了种子。

2015年,史晓刚从原公司华为技术有限公司(简称华为)离职,决定自己创业,他说:"其实创业的念头在刚毕业时就有。"只是鉴于当时自己太年轻,经验和资源都尚且不足,史晓刚没有急于开始,而是选择进入华为学习。在华为工作期间,史晓刚接触到了AR技术,对这个颇具科幻色彩的新技术产生了浓厚的兴趣,那个时候,AR技术很少有人涉足,这项专业性非常强的项目在国内几乎是空白,史晓刚带领其团队决定向AR技术研发进军。

创业的道路上不可能一帆风顺,史晓刚和团队凭借着对AR技术的热爱,一路披荆斩棘,历时6年,攻克了多项AR核心技术,取得AR核心专利110余项,成功研发多款行业领先的重量级AR产品,加速了传统行业的转型升级,确立了枭龙科技的行业领军地位。

史晓刚带领枭龙科技研发的AR技术产品已广泛应用于消费、工业、安防、军工等领域,公司将AR技术应用拓展至融媒体领域,获评首批"北京市智慧广电重点实验室",他们所研发的AR融媒体智能眼镜系统已成功应用于2021年全国人民代表大会和中国人民政治协商会议。会议期间,记者通过佩戴AR智能眼镜进行现场报道,得到了代表、委员和领导们的一致好评。

在电影《碟中谍4》中,有这样一个桥段:特工戴上高科技隐形眼镜,行走在火车站的人群中,隐形眼镜会随视线移动进行面部搜索,而后自动识别目标人物。AR技术正在将电影中的虚拟场景转换为现实,史晓刚介绍说,AR技术的一个重点研发领域便是安防,"在机场、高铁站等人流量很大的地方,警察戴着具有人脸识别功能的AR眼镜,就能轻松获取某个人的相关信息,进而在人群中锁定嫌疑人。"目前,枭龙科技与华信中安集团及北京市公安局治安管理总队已建立战略合作,并将AR技术拓展至智慧安防领域。

AR技术研究方向还体现在军工领域,史晓刚深入响应"军民融合"国家战略,利用AR技术促进我国单兵信息化能力提升,他介绍说,"如把AR技术集成到士兵的头盔上,所有的作战信息都可以显示在士兵眼前,解放双手,提高作战效率。"

在工业领域,枭龙科技研发的AR远程协助系统,同样得到了很好的应用,他介绍说,"神华集团远在新疆的风力发电机箱需要巡检,一线工作人员戴上AR眼镜,就可以把第一人称视角的视频直播给后台专家,从而得到远程专家的指导,提高维修效率。"

凭借AR技术在这些领域取得的成绩,枭龙科技与中国科学院、清华大学、北京理工大学、国家纳米科学中心等国内知名院所都建立了长期产、学、研合作关系,与华为、微软等世界五百强企业建立了战略伙伴关系,还获得了来自京东方科技集团股份有限公司、立讯精密工业股份有限公司等上市集团,北京亦庄国际投资发展有限公司、戈壁合伙人有限公司等风险投资机构,以及北京理工大学及政府等机构的数亿元投资。在史晓刚的带领下,枭龙科技已成为近年来国内AR领域发展速度最快、技术实力最强的国家高新技术企业,确立了行业领军地位。

AR 技术属于国家和北京市重点支持发展的高精尖产业，具备成为继智能手机之后下一代移动计算和通信平台的潜力，具有颠覆性和划时代的意义。史晓刚和团队正聚焦"高精尖"关键技术研发，每年投入数千万元研发资金，对 AR 关键技术进行攻关。

身为党员的史晓刚积极投入核心研发力量，将 AR 技术与红外测温技术融合，成功研发出一套"穿戴式 AR 智能眼镜测温系统"，针对大人流的公共场合，实现了移动巡逻和布控场景下的安全高效、无接触体温检测，测温结果近眼透明显示、自动提示或报警，为社会贡献出了自己的一份科技力量。

史晓刚在带领枭龙科技飞速发展的同时，充分践行企业社会责任，助力精准扶贫。在 2021 "支援协作工作社会帮扶资金"募捐活动中积极捐赠善款，主动参与内蒙古自治区宁城县精准扶贫工作，为定点扶贫县提供 AR 技术支持，捐赠 AR 智能眼镜，提高当地多领域科技应用水平。史晓刚为定点扶贫县提供头戴式 AR 智能测温设备，多次为定点扶贫县捐赠扶持资金，并大规模采购当地特产，使企业发展与社会公益同行。

作为九零后创业者，史晓刚的成功激励着无数有梦想、有追求的年轻人，他受聘为多所高校双创指导教师，开设讲座与年轻人分享自己的创业故事，他积极参加教育部全国大学生直播活动，分享双创经验与心得，他希望在自己的能力范围内，带动更多大学生进行创新创业发展。

（徐德锋　任顺利）

第十二章　传承和发展红创教学理念

自 2017 年的"青年红色筑梦之旅"启动以来，全国已有 483 万名大学生走进革命老区、贫困地区、城乡社区，传承"红色基因"、锤炼意志品质，扎扎实实上好"青年红色筑梦之旅"这堂思政"金课"、实践大课。"青年红色筑梦之旅"学子在实践中将专业知识与创新创业相结合，带动了一批乡村创新创业项目，不断催生出更多小微的供应链，激活乡村发展内生动力。"青年红色筑梦之旅"被誉为融党史学习教育课、国情思政课、创新创业课、乡村振兴课、"红色筑梦课"于一体的"中国金课"。

作为一名高校教师更应响应国家的号召，传承"红色基因"，践行立德树人，培养社会主义建设者和接班人，引领青年学生自觉地把个人理想与国家梦想融为一体，成为明天国家的栋梁之材。作为"红创"教学理念的倡导者，作者多次应邀为学生开展"传承和发展'红创'教学理念"为主题的宣讲活动，本文与大家分享常州大学的"红色文化"和科技创新精神。

2022 年是党的二十大召开之年，也是全面建设社会主义现代化国家、向第二个百年奋斗目标进军的重要一年。党和国家领导人，历来十分重视青年的教育培养，以促进青年的成长、成才，特别是党的十八大以来，习近平总书记就青年的成长、成才提出了系列新思想。习近平总书记对我们当代青年充满期许，青年时光非常可贵，要用来干事创业、辛勤耕耘，要敢于做先锋，而不做过客、当看客，让创新成为青春远航的动力；每一代青年都有自己的际遇和机缘，都要在自己所处的时代条件下谋划人生、创造历史；当代中国青年一定能够担当起党和人民赋予的历史重任，在激扬青春、开拓人生、奉献社会的进程中，书写无愧于时代的壮丽篇章！

在中国共产党一百年的历史中，是什么让中国共产党能克服艰难波折，奋斗不息呢？是什么能让中国共产党在内忧外患多重压力下突破险境，绝处逢生，直到今日把中国建设成为东方强国呢？其答案就是"红色精神"！

"红色精神"的核心是爱国主义，主要体现为爱国、进步、民主、科学的五四精神；军民团结、艰苦奋斗的井冈山精神；不怕艰难险恶的长征精神；改变作风、提高素质的延安精神；艰苦奋斗、勇于开拓的北大荒精神；谦虚谨慎、戒骄戒躁、艰苦奋斗的西柏坡精神，以及自力更生、艰苦奋斗、勇攀科学高峰的"两弹一星"精神。

本文讲述两对夫妻的"红色故事"，分别是张全兴院士、陈金龙教授和他们的老师何炳林院士与陈茹玉院士。从师生传承"红色基因"和科学家精神的故事之中，感悟"红色精神"是如何薪火相传的，体悟爱国主义是怎样代代传承的。

1964 年 10 月 16 日，在新疆罗布泊我国第一颗原子弹爆炸成功！向世界庄严宣告：中国人民依靠自己的力量，掌握了原子弹技术，打破了超级大国的核垄断。而这之中，就有着何炳林院士夫妇的身影。

1958 年 8 月 13 日，毛泽东主席来到南开大学，这是毛泽东主席一生中视察过的三所大学的第一所，毛泽东主席兴致勃勃地参观了化学系敌百虫车间和离子交换树脂车间，敌百虫是农药，关系到国家的粮食战略安全，离子交换树脂则关系到国家的国防战略安全，负责离子交换树脂和敌百虫车间的是一对夫妻，即何炳林和陈茹玉。

在毛泽东主席视察离子交换树脂生产车间时，何炳林的学生，19 岁青年学生张全兴作为班长、离子交换树脂生产车间主任，有幸见到了伟大领袖毛泽东主席，并与毛泽东主席握手，毛泽东主席亲切地握着他的手向他询问有关情况，张老师一一作答。这成为张老师终生难忘的日子。

张老师曾告诉我说,"当时真是做梦也没有想到过,能够面对面见到伟大领袖毛泽东主席!""这是终生的幸福!"经历过大风大雨的张全兴院士在今天回忆起当时的情景时依然抑制不住自己的热血沸腾,他说道,和伟大领袖毛泽东主席的谈话对他是个极大鼓舞,当晚他就写了入党申请书,同年12月就加入了中国共产党,成为他们年级最早入党的青年!后来,张全兴老师于1985年调入江苏化工学院工作,他曾在常州大学工作近8年,为我们常州大学的发展贡献了极大的力量!

1959年,周恩来总理到南开大学何炳林的实验室和生产车间视察,在何炳林的实验室与他长谈了半个多小时,何炳林感到万分激动。在以后的几年里,他不断地取得新的成绩,化工厂生产的多种型号的离子交换树脂被广泛地应用于化工、轻工、冶金、医药、水处理等领域,成为国民经济中不可缺少的一类功能高分子材料。何炳林被誉为中国离子交换树脂之父。

2019年1月27日,习近平总书记视察南开大学,他参观了百年校史主题展览,察看了化学学院和元素有机化学国家重点实验室,详细了解了南开大学的历史沿革、学科建设、人才队伍、科研创新等情况。

大家想一想,为什么毛泽东主席、周恩来总理和习近平总书记视察南开大学时,都要来到离子交换树脂生产车间呢?这与我国原子弹制造时使用的原料——铀有关。

从贫铀矿中提纯原子弹级铀就需要使用到这种由南开大学研制生产的离子交换树脂,这个技术正是来自南开大学何炳林院士团队。何炳林的学生张全兴1985年来到故乡常州工作时,把离子交换树脂技术带到了常州大学,1989年作者曾有幸在张全兴老师夫妇指导下从事离子交换树脂的合成和应用研究工作。

下面就让大家共同学习何炳林夫妇的爱国情怀和他们取得伟大科技创新成果的历程。

1937年,抗日战争全面爆发,西南联大条件极为艰苦,图书、食品缺乏,教育设备简陋,天上有日军飞机对昆明进行空袭,狂轰滥炸,西南联大教职员宿舍也有被炸毁的,造成人员伤亡。在这种条件下,教授们依然严谨治学,学生们依然刻苦读书,在"千秋耻,终当雪,中兴业,须人杰"的校歌声中,何炳林和陈茹玉的爱情悄然萌芽了,大学毕业5年后,何炳林和陈茹玉结婚了,结婚礼堂选在昆明城里的锡安圣堂,这座新哥特式的建筑是他们爱情的见证,婚后夫妇二人一起到南开大学任教。1947年,何炳林为实现"科学救国"的抱负,远赴美国留学,一年后,陈茹玉抛下年幼的儿子,毅然追随丈夫也到了美国。

何炳林和陈茹玉同在美国印第安纳州立大学研究生院学习,虽然学业繁重,但他们一直关注着国内的形势。1949年,中华人民共和国成立的消息传到美国,夫妇二人特别兴奋和激动,在国内的杨石先教授写信给何炳林,介绍国家开始经济建设的情况,国家需要大批科学家,希望他学习结束后早日回国,这正是何炳林和陈茹玉多年的心愿。

1956年,他们一同冲破重重阻挠返回祖国,同时在南开大学任教授,他们住进了东村一所简陋的平房小院里,开始了一生的科研事业。

陈茹玉在美国西北大学化学系任博士后研究员期间,从事的是新偶氮染料的合成及将其应用于蛋白质结构分析的研究,可是为了国家大办农业的需要,陈茹玉选择从事了有机磷化学和农药化学的研究工作。当时,我国的农药化学事业基本是一片空白,而果树蔬菜的虫害十分严重,陈茹玉开办了"有机磷化学""有机农药化学"等课程,并筹建了两个研究室,在一穷二白的条件下,开始了有机农药的研究,讲授了"有机磷化学""有机农药化学"等课程,在短时间内,自主研制出一批农药产品,缓解了我国长期依赖农药进口的局面。在研究过程中,她从美国带回的仪器也派上了用场,经过不懈的努力,陈茹玉的科研团队很快就合成了对人畜危害不大、防治害虫效果极好的有机磷杀虫剂"敌百虫""马拉硫磷",并且在校内建成了生产车间。这项研究不仅将有机磷化学研究从科学转化成国家急需的农药品种,而且填补了中国在农药生产中的空白。

相较陈茹玉放弃任博士后研究员时的专业,当年同为农药学翘楚的何炳林,研究方向改变更大。原来在美国时,何炳林收到了南开大学化学系教授陈天池的来信,请他代买两磅强碱阴离子交换树脂,可是当何炳林购买时却发现买不到,这种树脂是不能带出国境的国防用品。何炳林就此展开了调查,发现离子交换树脂是用来提取制造原子弹的重要原料铀的材料,这正是中华人民共和国强盛最需要的东西,何炳林当即决定不再进行农药方面研究,把研究方向转向离子交换树脂。

在南开大学,何炳林利用带回来的5公斤二乙烯苯和10公斤乙烯,开始了我国最早的离子交换树脂研究。仅用了两年时间,他就成功合成出世界上当时所有主要的离子交换树脂品种,其中就包括强碱苯乙烯型阴离子交换树脂201。

1958年何炳林创建了南开大学化工厂,所生产的强碱苯乙烯型阴离子交换树脂201首先提供给国家工业部门,用于提取国家急需的核燃料——铀,为我国原子能工业的诞生、首颗原子弹的成功爆炸都作出了巨大的贡献。

1981年,何炳林以63岁高龄开辟新的事业,成为首个在生物医用高分子领域发表论文的中国人。研究方向拓展到生物医用材料后,何炳林主持研制出了一系列高选择性吸附分离功能高分子材料。南开大学开发生产出远销海外的微米级固相有机合成载体,成为世界上同类产品的两个生产基地之一。何炳林的工作大都具有开创性,正是这些开创性工作奠定了他的大师地位。直到今天,离子交换树脂技术仍是我国高分子工业里唯一无须引进的技术,且在世界具有领先地位。何炳林也因此被誉为"中国离子交换树脂之父"。

何炳林和陈茹玉有着许多共同的生活经历,却又有着不同的工作内容。他们都是根据国家的需要而选择自己的工作,正如陈茹玉所说:"当时国内的元素有机化学研究还是一片处女地,我是根据国家需要确定自己的研究方向的。"比较起来何炳林就更幽默一些,他曾开玩笑说:"都搞一个专业,不就成了夫妻店了?'近亲繁殖'不利于学术发展。"

1980年,何炳林当选为中国科学院学部委员,陈茹玉也当选为中国科学院学部委员,夫妻双院士一时传为美谈。何炳林和陈茹玉在生活中相互搀扶,在工作中相互支持,不仅在科研事业上屡获佳绩,在教育事业上也作出了杰出贡献,何炳林和陈茹玉门下桃李无数,为国家培养了大批高级人才。1956年,陈茹玉院士回国后,在南开大学化学系任教授兼有机化学教研室副主任,1958年兼任南开大学化学系农药和有机磷两个研究室的组织和筹建工作,1962年担任南开大学元素有机化学研究所农药室主任,从事农药化学研究工作。1965年自主研制成功了我国第一个创新除草剂"除草剂Ⅰ号",荣获国家科学技术委员会、政协经济委员、国家计划委员会联合颁发的国家级新产品二等奖,她一生荣获国家自然科学奖等多项奖励,1980年当选为中国科学院学部委员,1981年出任南开大学元素有机化学研究所所长,2008年当选为英国皇家学会会士,2009年获得建国六十周年中国农药工业突出贡献奖。

2005年,这对"夫妇院士"作出了一个决定:共同将多年积攒的各类奖金40万元,分别在他们曾任所长的高分子化学研究所和元素有机化学研究所设立奖学基金,资助"爱国、功课好、家境贫寒"的学生。

在何炳林夫妇的心中,学生的优良品质最重要的就是要爱国。他们那份炽热如火,永不熄灭的爱国之情将永远激励着我们前进。

下面给大家讲述张全兴院士和陈金龙教授夫妇的传奇人生。

张全兴是何炳林的学生,从事离子交换树脂合成和应用的研究,陈金龙是陈茹玉院士的学生,从事农药研究。在二位院士导师的培养下,张全兴和陈金龙夫妇均成长为国家栋梁之材。

张全兴院士,是我国离子交换与吸附技术的主要开拓者之一,是树脂吸附法治理有毒有机工业废水及其资源化领域的开创者,为我国太湖、长江等流域的水污染治理及重点化工行业污染控制和节能减排作出了重要贡献。

1957年,出身贫苦的张全兴以优异成绩考进南开大学化学系,在大学里,他学习刻苦,因表现突出,大三便提前毕业,留校任教。"从小到大,我从来就不是学霸级的人物,我的成绩之所以不算差,可能只是更勤奋一点,更努力一点,别人歇下来的时候,我还在用功罢了。"他这样说,

"如果没有导师的严格要求和对我无微不至的关怀与帮助，也就没有我后来的发展。"念及师恩，张老师非常动情。

1987年，"大孔离子交换树脂及新型吸附树脂的结构与性能"项目荣获了国家自然科学奖二等奖，当时，张全兴已经在两年前离开南开大学，回家乡常州任教，不过何炳林坚持实事求是，不论资排辈，而是谁贡献大谁的排名就在前，依然把当年团队中最年轻的张全兴列为第二完成人。

"从1958年到2007年，足足半个世纪，无论是在南开，还是后来我调到南方之后，我和老师都保持着联络和来往，每年我都要回到南开去看望他，老师一有机会到南方来我们也会见面，可以讲师生之情甚至胜过了父子之情。"恩师的德行如同一面镜子，照射着张老师前进的道路，让他懂得言传身教的重要，"后来我也做老师了，也有了自己的学生，我就遵循何炳林先生对我的教育去培养他们，并且要求他们也要这样一代一代地传承下去。"

为了更好地照顾年迈多病的父母，1985年，张老师和陈老师回到了家乡常州市，到江苏化工学院（现常州大学）任教。原本带着满满回忆归来的张老师，却发现江南这片沃土已经完全变了样，经过实地调研，张老师看到的是迅猛发展的乡镇企业、工业化与城市化进程的快速推进带来的严重的环境污染。

"小时候，我常在河里捕鱼捉虾、和小伙伴戏水玩耍，那时候的水清澈见底，要是渴了就直接掬一捧河水喝。"回到家乡的张老师发现河水变成了"五颜六色"，记忆中水清鱼跃的江南美景已不见踪影，江河湖泊已被污染。"何时才能让这一切恢复如初呢？"张老师决心要用自己的力量为家乡做些什么。

学习化学出身的张老师决定把自身所学融合到环境污染治理中去，率先将大孔树脂的研究及应用引入到环境工程领域，开发出"树脂吸附"技术，着手开展有机化工废水污染治理与资源化领域的研究。

张老师认为，废水处理要注重资源化，将有毒有机物或无机物回收变为有用资源。这种由他开创的独门"树脂吸附"技术不仅能有效分离和吸附污水中的有毒、有害成分，还能在净水的同时变废为宝，将原来污水中的有害成分变为一种有用原料进行循环再利用。张老师形象地比喻说："以前是企业往废水里扔钱，现在是帮他们从废水里捞钱。"

张老师和陈老师在常州大学工作期间，张老师创办了常州大学化工设计研究所，担任第一任所长，在白云校区西北角的位置。陈金龙老师创建了精细化工教研室，担任第一任组长，夫妇二人为常州大学的高分子材料和精细化工专业培养了大批人才。

1993年，54岁的张老师接到了南京大学环境科学系"负责筹建环境工程专业"的工作邀请。"树脂吸附"技术的成功让张老师看到了大孔树脂应用于环境污染治理的发展空间，而南京大学的邀约，正好给他提供了一个证明自己的机会。进入南京大学后，张老师加快了对水污染治理的追求脚步。2001年，张老师主持的"树脂吸附法处理有毒有机化工废水及其资源化研究"项目获得国家科技进步奖二等奖。2007年，他主持的"水溶性、难降解有机污染物治理与资源化新技术"项目获得国家技术发明二等奖。同一年，张全兴当选为中国工程院院士，成为南京大学历史上第一位由南京大学申报并通过的中国工程院院士。

在教育部、科技部的指导与鼓励下，张老师于2002年4月组建了江苏南大戈德环保科技有限公司（现更名为江苏南大环保科技有限公司），十几年来，他们已帮助众多化工企业解决了迫在眉睫的环保问题，并为长江、太湖、淮河等水质保护作出了重要贡献。

在过去的峥嵘岁月里，张老师一直奋斗在环境治理的"战场"上，如今，他又把研究方向瞄准了"白色污染"。张老师雄心不减，"只要我的身体还健康，我就会一直为国家奋斗下去。我干不动了，还有学生干，学生干不动了，还有学生的学生，一代一代做下去，绿水青山的梦总会实现。"

张老师和陈老师，对待学生像对待自己的子女一样，爱生如子，并在南京大学设立了全兴基金，激励青年学生努力学习，为祖国多作贡献。目前张老师已培养了30多名博士，其中李爱民已获得国家级奖两项，2021年申请中国工程院院士；潘炳才，青年才俊，"中国十大杰出青年"，获国家级奖 1 项。

张全兴、陈金龙分别师从何炳林、陈茹玉夫妇，分别从事离子交换树脂研究、农药研究，在两位院士导师的培养下成为了国家的栋梁之材。他们两代人、两对夫妇都为国家作出了重要的贡献，更重要的是我们这些学生都能够在他们身上学到一种爱国、立德、育人、吃苦、感恩的可贵"红色精神"……

作为常大学子，国家培养了我，老师引领我们走进了科技创新的大门，我们身体内早已流淌着常大人的血，深深烙上了常大印，我们将时刻不忘常大人的责任和担当。我将用智慧点燃科技创新激情，立德树人育桃李，传播新时代正能量。

我们呼吁新时代青年要具备"红色精神"，要坚定自己的理想信念，要为国家的复兴作贡献。我们要积极探索"红创"教学理念，将"红色精神"文化融入创新创业教育和实践中，进一步发扬"红色文化"，潜移默化地影响新一代广大青年学生，教育青年学生不负国家呼唤、时代重托，激扬青春梦想、争做时代先锋，努力将自己的科技创新梦融入伟大的中国梦！

传承"红色文化" 坚定理想信仰

"红色文化"是在革命战争年代，由中国共产党人、先进分子和人民群众共同创造并极具中国特色的先进文化，蕴含着丰富的革命精神和厚重的历史文化内涵。中国共产党在领导中国革命的征程中形成了井冈山精神、长征精神、延安精神和西柏坡精神，这些精神是"红色文化"的精髓，是激励人们开拓进取、矢志不渝的强大精神支柱，实现中华民族的伟大复兴需要弘扬这些"红色精神"。和平建设时期形成的大庆精神、"两弹一星"精神、抗洪精神、抗震救灾精神、载人航天精神，就是"红色文化"得以传承的体现。深入发掘"红色文化"的传承价值功能，是培育新的民族精神的现实需要。

近年来，高层次人才"爱国·奋斗·奉献"精神教育已成为江苏人才工作的特色品牌，至今已打造相关人才教育基地 153 个，轮训高层次人才 3 万多名。作者有幸四次参加江苏省委组织部举办的高层次人才"爱国·奋斗·奉献"精神教育专题培训班，通过学习，心灵得到了洗礼，思想得到了提高，精神得到了升华，理论也得到进一步提升思想得到洗礼。

作为江苏省高层次引进人才，要致敬"红色历史"、传承"红色文化"、坚定理想信念，始终做到政治上有方向、发展上有本领、责任上有担当、文化上有内涵，以"敢为、敢闯、敢干、敢首创"的奋斗姿态，将"红色文化"融入研究生的创新创业教育实践中，引导研究生走进农村、扎根基层、助力乡村振兴。积极推动新工科、新医科、新农科、新文科为"青年红色筑梦之旅"赋能，引导广大"青年红色筑梦之旅"青年争做社会主义核心价值观的坚定信仰者、积极传播者、模范践行者。作者对历次参加江苏省高层次人才精神教育学习进行了如下总结。

一、贵州遵义

在映山红花盛开的五月我们来到革命红色圣地——遵义，参加江苏省委组织部与经济和信息化委员会共同举办的江苏省第五期高层次人才"爱国·奋斗·贡献"精神教育专题培训班。本次培训目的：突出政治引领政治吸纳，不断增进各类人才思想认可、情感认同，激发报国情怀和奉献精神，强化"强富美高"新江苏建设人才支撑。

来之前，我并不了解培训内容，只想遵义是我从小就非常熟悉但一直没有去过的地方，就去看看吧。

一周培训下来后，我必须说这是我一生中最难忘的一次培训，在遵义我和同学们一起度过了终生难忘的一周，多次被革命先辈的感人悲壮的英雄主义事迹感动而流泪，精神得到了一次大洗礼！

感谢江苏省委组织部与经济和信息化委员会给了我们这么好的学习机会，走进贵州遵义，让我有机会能够亲身体验红军的生活，感悟到遵义精神、长征精神。

江苏省有魄力拿出巨资培训上至院士的各级人才，培养家国情怀。创新驱动实质就是人才驱动，掌握了人才就掌握了未来。

我们要感谢遵义干部学院精心的课程设计，授课老师精彩的讲座及幕后工作人员，感谢你们辛苦付出，使得我们按时按质按量完成所有培训内容，度过了生活学习都非常愉快的一周。

一次遵义行，一生遵义情！

聚是映山红，散是满天星！

让我们以遵义精神和长征精神为动力，一起为强富美高的新江苏发展作出更大贡献！其总结有如下三点。

1. 坚定革命理想信念　坚定的革命理想信念是长征精神的核心。红军将士在长征中所表现出的革命英雄主义精神、爱国主义精神、坚韧不拔敢于胜利的革命乐观主义精神、大无畏的牺牲精神、英勇顽强的战斗作风，无不基于坚定的革命理想信念。长征把人类为理想而奋斗的精神推向前所未有的崇高境界，以惊天地、泣鬼神的英雄壮举向世人昭示，坚定的理想信念具有何等巨大的精神力量，可以创造怎样的人间奇迹。我们参观了遵义会议会址、遵义红军烈士陵园、娄山关红军战斗遗址、苟坝会议会址、四渡赤水纪念馆、青杠坡战斗遗址、中国女红军纪念馆等，全面了解中央红军在长征途中，处于艰险条件下，在毛泽东主席指挥下，红军采取高度机动的运动战方针，在川黔滇边境广大地区，积极寻找战机，有效地调动和歼灭敌人。我们要学习红军坚定的革命理想信念。当年红军将士靠着英勇顽强、前赴后继，压倒一切的革命乐观主义精神和坚定的革命理想信念，战胜重重困难，取得了胜利。我们要发扬长征精神，树立中华民族伟大复兴的远大理想，坚定走中国特色社会主义道路的信念，就要有百折不挠的乐观主义精神。

2. 学习艰苦奋斗的精神　通向革命理想的道路从来就不平坦，任何辉煌业绩都要通过独立自主、自力更生、艰苦奋斗去创造。在长征途中，红军既要同围追堵截的几十万国民党军浴血奋战，又要与党内的错误思想作斗争，还要经受饥寒伤病的折磨，克服无数高山大川和极端恶劣的自然环境，艰难困苦考验了红军，铸就了红军艰苦奋斗的精神。在凤凰山遵义红军烈士陵园我们向红军烈士敬献花圈，参观了红军墓，我们了解到娄山关战斗、四渡赤水及青杠坡战斗中牺牲了的许多红军将士等英雄事迹，我们被这些年轻勇敢的灵魂的牺牲奉献精神深深地震撼了。我们要教育自己发扬长征精神，做好长期艰苦奋斗的准备，要敢于正视困难，不怕吃苦，顽强拼搏，迎接挑战，特别是要勇于创新创业，以知识能力和顽强斗志，开创新事业，作出新贡献。

3. 学习全心全意为人民服务的精神　在苟坝会议会址，我们一起宣读了毛泽东为纪念张思德烈士撰写的《为人民服务》，看到了一座非常特别的毛泽东雕像——提着灯笼，更加体会到毛主席为了革命，为了红军，不计较个人得失，全心全意为人民服务的奉献精神。参观浙江大学的西迁历史陈列馆，深受感动。我们要立足本职岗位，努力工作，牢固树立起全心全意为人民服务的人生观和价值观，不断提高全心全意为人民服务的自觉性。

二、江苏南京培训小结

在丹桂飘香，秋风萧瑟的季节，我有幸参加了江苏省委组织部举办的高层次人才"爱国·奋斗·奉献"精神主题学习会。在南京我们一起度过了一个终生难忘的周末，多次被老一辈科学家的爱国情怀和奋斗奉献精神所感染，为老一辈知识分子对祖国真诚的爱国情怀和无私奉献精神而感动得流泪，精神思想得到了再一次洗礼！

感谢江苏省委组织部给了我们这么好的学习机会，让我们再次接受爱国主义教育，感悟到爱国奋斗和奉献精神。感谢在 11 月 22～24 日精心安排的主题学习会，感谢"两弹一星"、西安交通大学"西迁精神"、原国家测绘局第一大队和王泽山院士团队等先进事迹报告团的老师与幕后工作人员，感谢你们辛苦付出，使得我们度过了生活学习都非常愉快的周末。

让我们以"两弹一星"精神和"西迁精神"为动力,一起为美丽江苏发展作出更大贡献!总结如下。

1. 学习"两弹一星"的民族精神 我们第一次近距离聆听"两弹一星"精神先进事迹报告团所作的精彩感人报告。

"两弹一星"是中华民族之精神,主要包括"热爱祖国、无私奉献,自力更生、艰苦奋斗,大力协同、勇于登攀"。

1968年科学家郭永怀乘坐军用飞机从核试验基地返回北京西郊机场,在降落时飞机发生了空难坠毁,被大火笼罩。在最后时刻,郭永怀与飞机上的一名解放军警卫员抱在一起,将装有保密文件的公文包藏在两人中间。大火熄灭之后,两人的遗体都被烧焦了,但核武器研究最珍贵的资料得以完好保存。

1958年8月邓稼先突然接到命令,要其参加核试验之后,回家告别了妻子许鹿希,进入常年与世隔绝的科研团队。1979年,在一次核试验中,绑在原子弹上的降落伞发生了故障。邓稼先要求别人站到安全距离以外,自己走上前去检视这枚被摔坏的原子弹,因此受到了强烈的核辐射,导致肝脏和骨髓受损。在此后的几次核试验中,辐射逐渐损害了邓稼先的身体,令他在1985年夏天患上严重的直肠癌。1986年7月17日,邓稼先在中国人民解放军总医院(301医院)的病床上获得了人生中的最后一枚奖章,由时任副总理李鹏亲自颁发的全国劳模奖章。12天后,邓稼先因癌症导致的大出血不幸离世,年仅62岁。

通过"两弹一星"精神先进事迹的学习,我们心灵得到了一次大洗礼。要学习"两弹一星"的革命主义理想信念。要像钱学森、郭永怀、邓稼先等老一辈科学家一样,胸怀热爱祖国、无私奉献,自力更生、艰苦奋斗,大力协同、勇于登攀的革命乐观主义精神和坚定的革命理想信念,战胜重重困难,取得了伟大胜利。我们要学习老一辈科学家爱国奉献精神,树立中华民族伟大复兴的远大理想,坚定走中国特色社会主义道路的信念,爱岗敬业,认真学习,为祖国的科学事业努力工作。

2. 学习西安交通大学"西迁精神" 我毕业于上海交通大学,进校时曾学习过西安交通大学"西迁精神",这是第一次聆听西安交通大学"西迁精神"报告团所作的精彩感人报告。

1955年国务院决定将上海交通大学内迁西安,以适应中华人民共和国大规模工业建设需要。在周恩来总理的关怀下,在中央部委、陕西省和上海市人民政府的共同努力下。上海交通大学许多老教授老领导带头西迁,开发大西北成为全校共同心声,多少人甘愿舍弃优越的生活条件,甚至不惜卖掉上海的住房,义无反顾。在迁校及新校建设发展历程中,师生员工开拓奋进,艰辛备尝,顾大局,讲奉献,千辛万苦在所不辞,艰难险阻勇于克服,充分体现交大人崇高风范。无数可歌可泣的事迹,筑成"西迁精神"丰碑,世世代代给人教育和启迪。

我们要教育自己发扬"胸怀大局,无私奉献;弘扬传统,艰苦创业"的"西迁精神",做好长期艰苦奋斗的准备,要敢于正视困难,不怕吃苦,顽强拼搏,迎接挑战,特别是要勇于创新创业,以知识能力和顽强斗志,开创新事业,作出新贡献。

3. 学习爱国奉献精神 第一次聆听国家测绘局第一大地测量的英雄事迹。这是一支思想作风好、技术业务精、艰苦奋斗、敢打硬仗、不怕牺牲、功绩卓著、无私奉献的英雄测绘大队。

新中国成立之初,百业待兴,国防和经济建设急需测绘依据,而旧中国留下的测绘基础非常薄弱。为尽快改变这一局面,1954年国家测绘局第一大地测量队(简称国测一大队)在西安成立。

珠穆朗玛峰(简称珠峰),地球之巅。新中国成立初期珠峰的相关数据被外国"测量权威"垄断,我国版图上的这一制高点也只有使用他们的数据。国家提出"精确测量珠峰高度,绘制珠峰地区地形图"。这一光荣而艰巨的任务就落在了成立不久的国测一大队肩上。

1966年、1968年、1975年,国测一大队三次挺进珠峰地区。特别是1975年,8名队员联合军测、登山队向珠峰顶峰发起冲击。

"珠峰地区环境极为险恶,那时的装备保障条件十分简陋,我们每人身负四五十斤重的仪器,还要攀悬崖爬冰山，避冰缝躲雪崩，十分艰苦，但没有一个人提出后撤。"当年的队员之一、如今76岁高龄的郁期青回忆。

在海拔6120米做珠峰测量大气折光试验时，他们中有4人患了"高山厌食症"，头痛恶心，4人8天仅吃了1斤多大米、一点点炼乳。每天要工作十几个小时。

我们一起聆听了中国工程院院士南京理工大学教授王泽山先进事迹报告团的精彩报告，王泽山在火炸药这个"不起眼"的国防领域，整整奋斗了64个年头，为我国火炸药事业从跟踪仿制到进入创新发展作出了重要贡献，书写了一段带领我国火炸药整体实力进入世界前列的传奇。

我们要认真学习老一代科学家们的爱国奋斗奉献精神，立足本职岗位，努力工作，牢固树立起全心全意为人民服务的人生观和价值观，不断提高全心全意为人民服务的自觉性，为建设美丽江苏努力奋斗！

三、江西井冈山培训小结

2019年5月31日至6月6日，在映山红花盛开的五月我们来到红色圣地井冈山参加江苏省委举办的江苏省第六期高层次人才"爱国·奋斗·贡献"精神教育专题培训班。来之前我并不了解培训内容，只想井冈山是从小就非常熟悉但一直没有去过的地方就去看看吧。一周培训下来后我必须说这是我一生中最美好的一次培训，在井冈山我和同学们一起度过了难忘的一周，多次被革命先辈的感人悲壮的英雄主义事迹感动而流泪，精神得到了一次大洗礼！

感谢江苏省委组织部和科技厅给了我们这么好的学习机会，走进井冈山，让我有机会能够亲身体验红军的生活，感悟到井冈山精神。江苏省有魄力拿出巨资培训上至院士的各级人才，培养家国情怀。创新驱动实质就是人才驱动，掌握了人才就掌握了未来。我们要感谢中国井冈山干部学院精心的课程设计，授课老师精彩的讲座及幕后工作人员，感谢你们辛苦付出，使得我们按时按质按量完成所有培训内容，度过了生活学习都非常愉快的一周。一次井冈山行，一次井冈山情，聚是映山红散是满天星；让我们以井冈山精神为动力，一起为强富美高的新江苏发展作出更大贡献！其总结有如下三点。

1. 学习革命乐观主义精神　坚定的革命理想信念是井冈山精神的核心。红军将士在井冈山战斗中所表现出的革命英雄主义精神、爱国主义精神、坚韧不拔敢于胜利的革命乐观主义精神、大无畏的牺牲精神、英勇顽强的战斗作风，无不基于坚定的革命理想信念。井冈山把人类为理想而奋斗的精神推向前所未有的崇高境界，以惊天地、泣鬼神的英雄壮举向世人昭示，坚定的理想信念具有何等巨大的精神力量，可以创造怎样的人间奇迹。我们参观了大井朱毛旧居，茨坪毛泽东同志旧居，井冈山革命博物馆，茅坪八角楼毛泽东同志旧居，被称为"朱毛会师胜地""人民解放军军政院校摇篮"的龙江书院，观看由红军后代和井冈山当地600多村民演出的大型实景剧——井冈山，精美的场景设计、灯光、音乐及熟悉的红军歌曲和毛主席诗词配音仿佛把我们重新带回到那个金戈铁马的峥嵘岁月，我和许多观众一样都感动得流泪了。

全面了解中央红军在井冈山上，处于艰险条件下，写出了两篇最著名文章《井冈山的斗争》《中国的红色政权为什么能够存在》，开辟了马克思主义中国化解决中国问题的进程。我们要学习红军坚定的革命理想信念。当年红军将士靠着英勇顽强、前赴后继、压倒一切的革命乐观主义精神和坚定的革命理想信念，战胜重重困难，取得了胜利。我们要发扬井冈山精神，树立中华民族伟大复兴的远大理想，坚定走中国特色社会主义道路的信念，要有百折不挠的乐观主义精神。

2. 学习自力更生精神　通向革命理想的道路从来就不平坦，任何辉煌业绩都要通过独立自主，自力更生，艰苦奋斗去创造。在井冈山，红军既要同围追堵截的国民党军浴血奋战，又要与党的错误思想作斗争，还要经受饥寒伤病的折磨，克服极端恶劣的自然环境，艰难困苦考验了红军，铸就了红军艰苦奋斗的精神。在井冈山烈士陵园，我们向红军烈士敬献花圈，了解到井冈山牺牲的四万八千多名十几岁到二十几岁的红军战士中有3万多名甚至都没有留下姓名、没有留下片言只语后,我的心被这些年轻勇敢的灵魂的牺牲奉献精神深深地震撼了。我们要教育自己发扬井冈山精神,做好长期艰苦奋斗的准备,要敢于正视困难,不怕吃苦,顽强拼搏,迎接挑战,特别是要勇于创新创业,以知识能力和顽强斗志,开创新事业,作出新贡献。

3. 不忘初心、牢记使命　我们重走了当年毛委员挑粮上井冈山小道,胜利登上黄洋界山顶,来到一炮定乾坤的炮台,仿佛听到了当年的"黄洋界上炮声隆"!山下旌旗在望,山头鼓角相闻。我们还参观了井冈山革命博物馆,重温井冈山革命根据地创建的整个历史过程及无数可歌可泣的有名和无名的英雄人物如曾志、武若兰等的事迹。激情互动红歌会——红四军成立大会,大家一起唱响了那些熟悉而又久违的红色老歌,感到十分亲切。

我们要立足本职岗位,努力工作,不忘初心、牢记使命,实事求是、知行合一,牢固树立起全心全意为人民服务的人生观和价值观,不断提高全心全意为人民服务的自觉性。脚踏实地、勤劳务实,方能在工作中节节胜利,实现我们新时代的伟大目标。

带着满满的感动,满满的收获告别了井冈山,这里汲取的精神能量会激励我去克服今后人生和事业道路上的艰难险阻,聚是一团火散是满天星,我会把井冈山精神带回我们团队中,让星星之火点燃我们前进。

四、江苏淮安培训小结

2020年12月1~5日,有幸参加2020年江苏省第八期高层次人才"爱国·奋斗·贡献"精神教育专题培训班学习。在淮安我和同学们一起度过了难忘的一周,精神再一次得到洗礼!感谢江苏省委组织部和教育厅给了我们这么好的学习机会,让我感悟到全心全意为人民服务的周恩来精神。感谢恩来干部学院的老师,使我们按时按质按量完成所有培训内容。认真学习周恩来精神,突出政治引领作用,激发报国情怀和奉献精神,强化"强富美高"新江苏建设人才支撑。其总结如下。

1. 坚定全心全意为人民服务的精神信念　周恩来精神的核心是全心全意为人民服务,精髓是中华民族的传统美德与马克思主义革命人生观的完美结合。周恩来从青年时代起就追求人生的最高境界,献身革命,寻求中华民族和中国人民的解放道路。在全心全意为人民服务的精神信念下,他历经风险,坚持必胜信心,始终站在斗争的最前列,在多次重大历史转折关头,成功地处理了许多困难的问题。在总理岗位上,他为了祖国的昌盛和人民的幸福,呕心沥血,鞠躬尽瘁,死而后已。作为高校教师,我们要认真学习贯彻党的方针路线政策,始终与党中央保持一致,坚定全心全意为人民服务的精神信念,为党、为祖国、为人民多作贡献。

2. 学习周恩来总理严以修身、严以用权、严以律己的优秀品德　周总理身居高位,从不搞特殊化,始终严格要求自己,以身作则,率先垂范。严守党的政治纪律,始终维护党中央权威,在任何时候任何情况下都同党中央保持高度一致。严守党的工作纪律,重大问题该请示的请示,该汇报的汇报,从不超越权限办事。严守党的保密纪律,即使对最亲近的人也绝不泄露半句。

严以用权是周恩来对人民的庄严承诺,也是他对党的责任担当。在国家经济还困难的情况下,他坚决不允许修建政府办公大楼,不允许翻修他住的西花厅。他退回家乡人送来的土特产,并附上中央关于不准请客送礼的文件。他给自己的亲属立下"十条家规",不允许亲属和身边工作人员利用特殊身份谋取利益。

3. 牢固树立终身学习的理念,勤奋学习,勇敢超越自己　学无止境,为了不断提升自己的业务能力,我们要根据实际情况不断调整自己。尤其在当今,科技进步日新月异,知识更新不断加快,国际形势深刻变化,国内改革发展稳定和国家建设面临的新情况新问题层出不穷。我们要牢固树立终身学习的理念,勤奋学习,在学习和工作中提升自我,增强本领,提高战略思维能力、沟通协调能力与贯彻执行能力。

我们一定以周总理为光辉榜样,学习周总理的崇高精神、高尚品德、伟大风范,以坚强品格、坚强作风、坚强意志、坚强能力，尽职于本职工作，做一名合格的高校教师。

千锤百炼志更坚

管静，常州大学2013级制药工程专业研究生，2018级化学专业博士研究生，2013年进入常州大学徐德锋教授课题组，2018年进入上海交通大学张万斌教授课题组，在读博期间参与上海交通大学与万邦香料联合开发的香料项目，开发及优化了关键中间体合成路线。2019年，在有机化学研讨会中，以"丰产金属镍催化的不对称氢化研究进展"为主题，荣获二等奖。

下文是研究生指导老师为学生管静创作的作品。

今天是你结婚的大喜日子，作为你的研究生导师，还是情不自禁地想起你曾在课题组的求学情形，仿佛就在昨天，一切历历在目！

你是我在常州大学招收的第一届硕士研究生，来自于安庆师范大学，调剂到常州大学，你在面试时，表现很一般，还带有点拘谨，尽管大学时你没有做过化学实验，但我还是感觉到你有一种一般学生没有的吃苦耐劳精神。面试后，我邀请你和许星来我实验室参观，通过相互了解和认识，你们俩都希望进入我的课题组，通过协商、讨论得出你们二人的研究方向：新型雄性激素受体药物开发和高效农药新技术开发。

那时我的课题组刚建立，需要人手，9月份开学你们便进入我的实验室。你和许星很快进入了工作状态，认真查阅文献并加以整理，设计实验路线和实验方案。虽然你的动手能力比许星弱，实验进展也比较慢，但你认真学习、虚心请教并及时总结经验，动手能力提高更快。研二下学期时，你的科研能力已得到大幅度提升，已经可以独立开展小课题研究，2016年你按时毕业并成功取得了硕士学位。毕业后你留在我的课题组工作，对除草剂嘧草醚新技术项目进行工艺优化，后来你来到江西宜春双创孵化基地推进技术产业化，协助、负责车间生产和技术管理，逐渐从一名青涩学生成长为了能独立进行生产操作的工程技术人员。5年中你共发表研究论文4篇，申请发明专利3项，完成小试研究项目4项，生产项目2项。

我为你高兴的是，在你最困难的时候，你在江西宜春双创孵化基地遇见了心地善良的宜春姑娘龙思帆。我曾以为你会一直在江西宜春工作，直到2018年5月下旬当我们生产任务结束后，你从江西宜春返回到学校，与我认真交流了相关技术问题和需要继续攻关的技术难题，我也认真聆听了你在宜春车间工作时的点点滴滴。那次交流时，你的眼里常噙满泪水，令我终生难忘。你告诉我知识不够用了，无法应付实际工作需求，想要读博士来弥补知识的不足，我也读懂了你的艰辛。这正是我所希望的教育结果！

你通过努力终于考入了上海交通大学，有幸成为张万斌教授的博士生，张教授在新型手性配体催化剂领域取得了世界级成果，他一直是我学习的楷模，希望你能在张教授指导下，好好做人、认真做学问。

马克思曾说过："在科学的道路上，没有平坦的路可走，只有不畏艰辛，沿着陡峭山路攀登的人，才有希望到达光辉的顶点。"

在你新婚大喜的日子里，送你一句话："历经沧桑而锐气不减，千锤百炼而斗志更坚。"

希望你能真正把自己和国家民族命运融合在一起，把个人梦想与中国梦融合在一起，积极传播新时代正能量，为青年学生树立好榜样！

坚持科研梦想，实现人生价值！

拒绝"躺平"，做有为青年

今天你"躺平"了吗？最近流行于互联网的"躺平"一词开始在年轻人中流行。"躺平"一词的解释是不做任何动作，没有任何反应。"躺平"只是当代青年面对生活与工作压力的情绪宣泄，在当今快节奏的社会中，年轻人可以适度地、暂时性地"躺平"，但不能一直"躺平"，否则，于个人、于社会、于国家都会造成不利的影响。作为新时代的青年学生，我们要对"躺平"坚定地说"不"。

"躺平"已严重危害社会的前进步伐，"躺平"磨平了人进取的棱角！"躺平"更具摧毁力，有些人总习惯沿着阻力小的方向前进。例如，随着新一轮经济衰退的影响，有些企业家开始抛售资产进行套现；有些企业选择裁员降低成本；有些企业选择降薪减费用断臂求生。名校生毕业扎堆进体制内，朝九晚五、旱涝保收，不用担心饭碗不保……我们这个世界再也回不到过去了。

"躺平"和"内卷"如同汽车深陷泥潭，难以自拔。"躺平"消磨意志，产生惰性。"内卷"消耗我们的聪明才智和青春年华，磨平我们的锐气、朝气和正气。

当前，我们正处于百年未有之大变局，世界进入新的动荡变革期。这是一个充满挑战的时代，一个充满希望的时代。如何应变克难、稳中求进，这确实需要我们增强忧患意识，提升主动求变能力、准确识变和科学应变能力。我们应该再一次学习阅读毛泽东主席的《论持久战》《实践论》和《矛盾论》原著，这是毛泽东主席留给我们的金玉良言。从毛泽东主席的著作中我们可以寻找到治疗"躺平心态"的良药，克服心理焦虑，保持积极乐观心态，增强自身免疫力，提高群体战斗力，健康生活向未来！

青春虚度无所成，白首衔悲亦何及。新时代是青年人大有可为的时代，作为新时代的青年学生，要坚定理想信念，厚植如磐信仰，志存高远，脚踏实地，积极拥抱生活，苦干实干加巧干，珍惜韶华，不负青春。拒绝"躺平"，做有为青年。

（徐德锋　任顺利）

参考文献

蔡新海. 2021. 新时代研究生创新创业教育探究 [J]. 文教资料, (10): 114-115.

陈创荣, 王烁, 冯毅翀. 2020. 深化创新创业教育改革背景下中医药院校大学生知识产权教育现状调查与对策分析 [J]. 医学教育研究与实践, 28(1): 7-10.

陈群, 徐德锋, 陈秀竹. 2021. 青春的力量（青年红色筑梦之旅案例）[M]. 武汉: 华中科技大学出版社.

程蕾. 2021. 双创竞赛指引下的地方高校研究生创新创业教育研究 [J]. 科教导刊, 31: 25-27.

崔金奇, 吴世韫, 吴震. 2018. 医学院校大学生创新创业能力培养模式与实现路径 [J]. 中国大学生就业, (18):48-53.

董玉杰, 宋萌, 钱婷. 2022. 大学生创新创业团队的构建与培训教育 [J]. 教育教学论坛, (5):5-8.

郭婧, 刘诗宇, 申俊超. 2020. 中医药院校大学生创新创业实践问题研究 [J]. 中国多媒体与网络教学学报, (1):155-157.

郝鑫, 王俊彦. 2022. 新时代研究生思政教育与双创教育融合途径研究 [J]. 高教学刊, 8(14): 33-37.

胡云进, 陈忠清, 吕越, 等. 2020. "多主体协同 产学研融合"专业学位研究生培养模式研究与实践 [J]. 高等建筑教育, 31(4): 71-79.

柯玉荷, 沈陆娟. 2020. 大学生创新创业实践研究 [J]. 高教学刊, (34):49-52.

孔洁. 2021. 大学生创业价值观教育研究 [M]. 北京: 中国人民大学出版社.

李建臣. 2020. 中国航天事业的开创者: 钱学森 [M]. 武汉: 华中科技大学出版社.

李丽君, 李美玲, 石慧, 等. 2022. 产学研协同培养研究生体系建设的策略研究 [J]. 高教学刊, (19): 25-27.

刘畅, 张雷, 李搏. 2020. 新时代创新创业人才培养体系建设浅析 [J]. 工业和信息化教育, 9: 36-40.

陆羽. 2020. 茶经（中华生活经典）[M]. 北京: 中华书局.

罗海琼, 罗慧, 徐晓君, 等. 2019. 产学研结合的研究生创新创业能力培养路径及成效 [J]. 广西教育, (27): 28-30.

宋俊平, 段庆锋, 谭立元. 2020. 基于众筹模式的大学生创业实践模式构建研究 [J]. 管理观察, (3):124-126.

苏佳萍, 祁丽, 林丽. 2018. 高校多学科交叉融合创新创业教育价值研究 [J]. 东北农业大学学报(社会科学版), 16(2): 93-96.

隋文涛, 袁林, 李志永. 2022. 导师团队在研究生思政教育和创新创业教育中的作用 [J]. 中国现代教育装备, 7: 105-107.

王涛, 王青. 2021. 校企合作模式下的大学生就业创业实践创新 [A]. 就业创业, 139-141.

王燕, 王秀凤. 2019. 应用型高校创新创业团队培养模式研究 [J]. 创新创业理论与实践研究, (22):128-129.

王战军. 2021. 中国研究生教育质量报告 2021 [M]. 北京: 中国科学技术出版社.

王战军, 周文辉, 李明磊, 等. 2019. 中国研究生教育 70 年 [M]. 北京: 中国科学技术出版社.

奚启新. 2021. 钱学森画传 [M]. 上海: 上海交通大学出版社.

徐德锋, 陈群, 江一山. 2021. 大学生创新创业实践与案例 [M]. 武汉: 华中科技大学出版社.

于璐, 邓占梅. 2020. 高校研究生创新创业精神培养途径探索 [J]. 镇江高专学报, 33(1): 69-72.

张光伟, 杨茜, 陈丽敏, 等. 2020. 医学院校大学生创新创业能力培养模式与实现途径探究 [J]. 创新创业理论研究与实践, 3(6):128-129.

张莉, 尹龙, 谢红燕, 等. 2018. 基于创新创业能力培养的"五位一体"实践教学模式研究 [J]. 实验技术与管理, 35(4):186-188+198.

周延军, 宋克兴, 皇涛, 等. 2021. 科教融合和创新创业结合的研究生培养探讨 [J]. 教育教学论坛, 52: 177-180.

朱恬恬, 舒霞玉. 2021. 我国高校创新创业教育课程建设的调研与改进 [J]. 大学教育科学, 3: 83-93.

后　记

　　我们积极响应双创的号召，成立了"红创"公益团，首次提出"红创"教学新理念，将"红色文化"的传承和创新、研究生创新创业教育和践行社会主义核心价值观与弘扬中华民族优秀文化融合为一体。我们组织开展了三十余场主题鲜明的"红星耀常大"活动，积极为学生搭建产教融合平台，引导青年学生在社会实践中了解国情民情，走进革命老区和贫困地区，落实乡村振兴战略，坚持面向经济主战场，推动科技成果转化应用，营造良好的"红色文化"融入创新创业教育学习氛围。

　　为践行"红创"教学新理念，2022年6月8日，我们开展了心系"国家事"，肩扛"国家责"主题学习暨欢送2022届团队毕业生活动，他们导师的讲话内容如下，特整理成文作为本书的后记。

　　盛夏六月，火热时节。我们在这美好的季节，由"红创"公益团举办心系"国家事"，肩扛"国家责"，欢送2022届毕业生暨弘扬科学家精神主题学习活动。首先，向一直关心和支持我们团队发展的领导和老师表示诚挚地感谢！向今年顺利毕业的同学表示衷心的祝贺！

　　2022年5月20日，在南京大学120周年校庆之际，习近平总书记给南京大学的留学归国青年学者回信，勉励他们大力弘扬留学报国的光荣传统，以报效国家、服务人民为自觉追求，在坚持立德树人、推动科技自立自强上再创佳绩，在坚定文化自信、讲好中国故事上争做表率，为全面建设社会主义现代化国家、实现中华民族伟大复兴的中国梦积极贡献智慧和力量。

　　我们始终践行习近平总书记关于青年工作的一系列重要论述。创建"红创"公益团以来，积极响应国家号召，弘扬爱国主义精神，将"红色文化"融入新时代青年学生的成长、成才中。去年7月，我们团队编写了《青春的力量》创新创业教材，作为今年毕业生的礼物赠送给你们，希望你们认真学习，携手共进，将个人青春梦想融入实现中华民族伟大复兴的中国梦中。

　　我们始终秉记习近平总书记"为党育人，为国育才"的殷切期望。团队成立近十年，共有80多名本科生、30多名研究生毕业，其中有5名毕业研究生先后考入上海交通大学、东南大学、中国药科大学等高校攻读博士研究生。团队尚有13名研究生在校学习，其中有2位同学已光荣加入了中国共产党。同学们对知识渴求的眼神让我认识到肩扛责任之重大，使命之光荣，我们一定努力打造各类平台为你们点燃科技创新的梦想。站在新的起点上，我们积极组织同学们翻译文献，先后翻译编写了《心理健康》《姜黄用于治疗肺炎的研究进展》《西红花药学研究进展》《黑水虻资源化处理废弃物研究进展》《莼菜资源开发研究进展》等5本资料，我们还完成了江苏省重点教材《消毒新技术概论》的编写。为了青年学生的健康成长，我认真撰写了《新形势下的感悟》《青春鹤言》《春日品茗》等散文与同学们分享。

　　今年有洪俊、王海波、陈竞雷等6位研究生毕业，他们亲自见证和参与了团队的发展。我第一次一年指导6名研究生，深感责任之重大，使命之光荣，尤其是第一年从化工学院招生，担心你们不能按时毕业，我和胡老师经常督促你们加快科研步伐，陈竞雷是研二时转过来的同学，研究时间非常紧迫，你那一双忧伤的眼神里似有一汪清潭，我读懂了你的艰难，尽最大努力帮你跨过了人生中的一道门槛，祝贺陈竞雷同学取得良好成绩顺利毕业。

　　在常州大学这片沃土上，你们肩负家长的期望、老师的教诲和学校的培养，丰富了知识，增长了才干，提高了素质，为你们今后的发展夯实了基础，存储了动力。你们勤奋努力，追求进步，你们用自己的行动秉承常大的"责任"精神。

　　我们团队还获得了2020年创青春大学生创新创业比赛全国金奖1项、银奖1项，王海波同学在CCL发表SCI二区论文，将到中国药科大学攻读博士学位。我们团队的洪俊、陈竞雷、邓竞都发表了 SCI 论文，还有祁久乐和叶凯的论文也希望能早日发表。去年我们团队所有研究生参加了江苏省研究生"绿色"化学比赛，取得了一、二、三等奖等，这都是学校和团队培育的结果，更是你们勤奋努力的结晶；是你们的荣耀，更是团队的光荣！我们为你们的成长感到由衷的高兴。在你们身上，我们看到的是团结一致、敢为人先、争创一流的青年学生的成长成才历程，看到的是团队的美好明天。

六月的暖风中也开始飘散着离别的味道，严肃紧张的实验室、情谊融融的宿舍楼、绿草茵茵的操场……很快，你们就要带着所有的眷恋与不舍、希望与憧憬，告别那些属于阳光、欢笑、泪水和友情的日日夜夜，告别曾经生活了的团队，背起行囊去迎接生命中的再一次腾飞。在你们新的人生征程上，有着老师对你们的殷切期望和祝福。

一、坚定理念信念、坚持学习，勇于实践，不断进取

"坚信自己是颗星，穿云破雾亮晶晶。坚信自己是燧石，不怕敲打和曲折，坚信自己是人才，驱散浮云与阴霾。"增强忧患意识，提升主动求变能力。

我衷心地希望你们将来无论是走向工作第一线，还是选择继续深造，都能够不断地、踏实地学习新的知识，不断地充实自己。在思想上坚定理想信念，在学习中摆正心态，从零开始，从小事做起，虚心向他人学习，真诚向实践请教。你们毕业后可能会面对很多选择，但不管它是否符合你的专业，只要能发挥你的才能，实现你的人生价值，你就可以大胆去实践，老师相信，只要坚持不懈就一定能取得成功。

论文写作是你们研究生学习的基本功。最近我受常州市科学技术协会邀请，为张老师写 1000 字左右的弘扬科学家精神的宣传材料，端午节假期，我花了 3 个小时，草拟了初稿，就是发给你们的材料，题目为"全兴为民，甘为人梯"，让你们修改，没有一个人提出问题，后来鹤言帮我修改，提出了近 10 处修改建议，题目改为"全兴为国 甘为人梯"，增加了"成长于朝气蓬勃的中华人民共和国时期"，加入了老师称呼。我把修改好的稿件发给陈金龙老师，陈老师亲自打电话，提出了 8 处修改建议：他生于兵荒马乱、战火纷飞的"1938 年"，不是"岁月"；成长于朝气蓬勃的中华人民共和国时期，增加"中华"二字；增加了"毛泽东主席视察南开大学"等，不是在北京见毛泽东主席的；从南开大学调入家乡；"如今"后面，增加了"已过 84 岁高龄"等。做到精准写作，你们的论文写作也是一样的，要经过多次反复修改才能完成。

二、做事先做人，做人德为先，团队协作胜过单打独斗

学会与人交流，与人交往，与人合作。团结合作是当今社会每个人都应有的群体意识，随着现代科技的进步，团结合作品质就显得更加重要。大家走向社会就会发现，只有依靠群体智慧的力量，在团结合作中你的工作才能取得更大的发展，你的个人价值才能得到充分的体现。所以希望大家要学会做人、学会做事、学会合作，在各方面都不断地完善自我，充满信心地面对未来。

我们团队现在已有 40 多名研究生，已毕业的有 30 多人，已有 5 名博士研究生，大家都可以互相交流学习，目前我们团队想攻读博士研究生的学生还有 6 人，希望你们能积极向上，争取早日实现读博的梦想。我们在上海的学生也比较多了，我们在上海交通大学和上海第二军医大学都有合作团队，希望你们毕业后仍然可以多互相学习交流，把团队精神和团体合作能力做好。

三、铭记常大责任校训，健康生活，为国家奋斗五十年

"海阔从鱼跃，天高任鸟飞。"亲爱的各位同学，大学生活如萍聚般短暂，无数个挑灯夜战的日子，随着毕业号角的响起，你们即将踏上新的征程。

希望同学们今后继续关注和支持我们团队的发展，始终铭记常大校训——"责任"，在工作岗

位上兢兢业业、博采众长，在求实中创新，在创新中发展。困难终将过去，健康生活，为国家奋斗。我相信我们团队的明天一定会因为你们而骄傲。无论你们走到哪里团队永远是你们的家，老师永远是你最知心的朋友。

我们正处在百年未有之大变局，世界进入新的动荡变革期。这是一个充满挑战的时代，一个充满希望的时代。我建议大家多阅读一下毛泽东主席的经典原著，特别是《毛泽东选集》，这是毛泽东主席留给我们宝贵的精神财富，我们可从毛泽东主席的著作中寻找治疗"躺平心态"的良药，克服心理焦虑，保持积极乐观心态，健康生活向未来！

最后衷心地祝愿 2022 届团队毕业生前程似锦、事业有成！一路芳华，一生幸福！

本教材紧紧围绕立德树人的根本任务，是一本用心打造培根铸魂、启智增慧的研究生教材。这是一本传承"红色基因"，汇聚青春正能量的生动教材，激励当代青年始终保持昂扬向上、奋发有为的精神状态，在激扬青春中书写无愧于时代的壮丽篇章。

本教材从最初着手开始创作，到创作过程中反复研讨和推敲，再到初具雏形后的字斟句酌，终至最后定稿成册，创作组成员倾注了大量的时间和精力，他们利用周末、暑假等课余时间，夜以继日、废寝忘食，精心创作，反复核对，终于付梓。这是我们全体成员共同努力的结果，是集体智慧的结晶。

衷心感谢常州大学领导对我们的大力支持和指导，常州大学校长徐锁坤教授在百忙之中为本书作序，对学校开展的"红星耀常大"等红色教育实践活动予以了极大支持。

本教材在创作过程中参考了大量资料，我们在创作中反复斟酌、修改，因水平有限，仍难免存在不足之处，敬请读者批评指正。

2022 年 9 月